उदार इस्लाम का सूफ़ी चेहरा

उदार इस्लाम का सूफ़ी चेहरा

डॉ. कन्हैया सिंह

लोकभारती प्रकाशन

पहली मंजिल, दरबारी बिल्डिंग, महात्मा गाँधी मार्ग, इलाहाबाद-1

लोकभारती प्रकाशन
पहली मंजिल, दरबारी बिल्डिंग, महात्मा गाँधी मार्ग
इलाहाबाद-211 001
वेबसाइट : www.lokbhartiprakashan.com
ईमेल : info@lokbhartiprakashan.com
शाखाएँ : 1-बी, नेताजी सुभाष मार्ग, दरियागंज
नयी दिल्ली-110 002
अशोक राजपथ, साइंस कॉलेज के सामने
पटना-800 006 (बिहार)
36-ए, शेक्सपियर सरणी
कोलकाता-700 017

प्रथम संस्करण : 2016

इण्डियन प्रेस प्रा. लि.
इलाहाबाद द्वारा मुद्रित

Udar Islam Ka Soophi Chehara
by Dr. Kanhaiya Singh

ISBN : 978-93-5221-082-4

मूल्य : ₹ 295

दो शब्द

हिन्दी में सूफ़ीमत के सम्बन्ध में बहुत कम सामग्री है। वस्तुतः आचार्य चन्द्रबली पाण्डे का 'तसव्वुफ़ अथवा सूफ़ीमत' इस विषय का आदि ग्रन्थ है जो आज तक अपने आधिकारिक प्रतिपादन के कारण बेजोड़ और अमूल्य है। इसमें सूफ़ीमत के विविध पक्षों का विवेचन अंग्रेज़ी के इस विषय के आधिकारिक ग्रन्थों के आधार पर किया गया है। अपनी शैली की दुरूहता के कारण यह ग्रन्थ केवल इस विषय के जानकार लोगों के ही काम का है। सामान्य अध्येता को इसमें से कुछ भी पल्ले नहीं पड़ सकता। दूसरा महत्त्वपूर्ण कार्य डॉ. रामपूजन तिवारी का 'सूफ़ीमत-साधना और साहित्य' है। इसमें पूर्वोक्त अंग्रेज़ी ग्रन्थों का ही आधार ग्रहण किया गया है, साथ ही इसमें विषय का मतमतान्तरों के उद्धरण और उल्लेख द्वारा इतना विस्तार किया गया है कि सूफ़ीमत के किसी पक्ष पर लेखक की अवधारणा का स्पष्टीकरण ही नहीं हो पाता। प्रस्तुत ग्रन्थ कोई मौलिक ग्रन्थ नहीं है। इसमें पूर्ववर्ती विद्वानों और अपने अध्ययन को आधार बनाया गया है। यह सूफ़ीमत और हिन्दी सूफ़ी काव्य के अध्येता अध्यापकों तथा छात्रों की दृष्टि से लिखा गया है जिसमें विषय की स्पष्ट अवधारणा प्रस्तुत की गयी है। सूफ़ी सिद्धान्तों को हिन्दी सूफ़ी काव्य के सन्दर्भ में समझाने की चेष्टा की गयी है। इस पुस्तक के कुछ निबन्ध पहले के लिखे हुए हैं जो शोध पत्रिकाओं में छप चुके हैं। कई निबन्ध नये हैं जिन्हें लिखकर इस विषय की बोधगम्यता की कड़ी को जोड़ने का प्रयास किया गया है।

सूफ़ी काव्य के अध्ययन तथा समीक्षाओं को देखकर यह लगता है कि लोग सूफ़ीमत को ही नहीं समझते तो सूफ़ी कवियों की कविता का मूल्यांकन क्या करेंगे? ताज़ा उदाहरण स्व. विजयदेव नारायण साही की पुस्तक 'जायसी' है जिसमें जायसी के कवि रूप को बड़ी गहराई से पकड़ने और उसे उजागर करने के लिए साही जी कोटिशः प्रणम्य हैं पर वे सूफ़ीमत का जायसी पर असर न सिद्ध करने की गफ़लत के शिकार भी हैं। इस दृष्टि से इस लघु ग्रन्थ का अवश्य उपयोग होगा, ऐसा विश्वास है। पुस्तक के इस दूसरे संस्करण में कुछ अन्य अध्याय जोड़े गये हैं।

राहुल नगर —डॉ. कन्हैया सिंह

आजमगढ़ (उ.प्र.)

1 मई, 2015

अनुक्रम

उदार इस्लाम का सूफ़ी चेहरा

1

सूफ़ी तत्त्व चिन्तन का विकास

छठीं शताब्दी के आस-पास अरब में सामाजिक एवं नैतिक मूल्यों का ह्रास अपनी सीमा पर पहुँच चुका था। राष्ट्रीय, सामाजिक एवं धार्मिक विशृंखलता सर्वत्र व्याप्त थी। विभिन्न प्रकार की विकृतियों से जन-जीवन आक्रान्त था। अनेक देवी-देवताओं की मूर्तियाँ पूजी जा रही थीं। धर्म में आडम्बर की प्रमुखता हो गयी थी। देव-स्थानों में देवदास एवं देवदासियों के समर्पण की प्रथा एवं उनसे व्याप्त व्यभिचार प्रचलित थे। विश्व के अन्य धर्म ह्रास की ओर अग्रसर थे। जरथुस्त्र, मूसा एवं ईसामसीह द्वारा प्रज्वलित पूत ज्योतियाँ भी मानव-रक्त से तृप्त हो रही थीं। इसी समय हज़रत मुहम्मद अरब की भूमि पर अवतरित हुए (570 ई.), जिन्होंने अपने युग की माँग को पूर्ण करते हुए इस्लाम का प्रवर्तन किया, जो अत्यन्त सरल धर्म था। इसकी दो ही मुख्य विशेषताएँ थीं : (1) बहुदेवत्व के विरुद्ध एक ईश्वर में विश्वास (तौहीद) और (2) दैनिक उपासना (नमाज़)।[1]

इस्लाम के सम्प्रदाय

हज़रत मुहम्मद की मृत्यु के बाद उनके उत्तराधिकारी चार खलीफ़ाओं अबू बकर (मृ. सं. 691), उमर (मृ. सं. 700), उसमान (मृ. सं. 712) एवं अली (मृ. सं. 717)—ने अपने युग में इस्लाम धर्म का पूर्ण प्रचार एवं प्रसार किया। धीरे-धीरे यह धर्म शाम, फिलिस्तीन, मिस्र, ईरान, स्पेन एवं तुर्किस्तान तक फैल गया। प्रसार के साथ ही इस धर्म में उत्तराधिकार एवं राजनीतिक नियमों आदि के प्रश्नों को लेकर मतभेद प्रारम्भ हो गये। रसूल हज़रत मुहम्मद के देहावसान के थोड़े ही समय बाद, उनके जीवन एवं तर्कों से प्रभावित होकर इस धर्म के विभिन्न सम्प्रदाय प्रकट हुए। इसका प्रथम विभाजन राजनीतिक आधार पर हुआ। सर्वप्रथम ख़ारिजी, मुरीजी, शीआ और क़ादिरी सम्प्रदाय दृष्टिगोचर हुए।[2]

ख़ारिजी सम्प्रदाय के माननेवाले संघर्षप्रेमी थे। युद्ध और रक्तपात से भी उन्हें हिचक न थी। उनकी उत्पत्ति, इस्लाम की तत्कालीन प्रचलित मान्यताओं के विरोध के कारण हुई। इनके प्रमुख सिद्धान्त थे—(1) ख़लीफ़ा की नियुक्ति चुनाव द्वारा होनी चाहिए और उसे मुसलमानों का विश्वासपात्र होना चाहिए।[3] कोई भी अरब निवासी मुसलमान ख़लीफ़ा हो सकता है और पापाचरण करने पर वह पद-मुक्ति या प्राणदण्ड

का भागी हो सकता है।[4] (2) जो नमाज़ नियमित रूप से नहीं पढ़ता, रोज़ा नहीं रखता तथा अन्य धार्मिक कृत्यों और नियमों का समुचित पालन नहीं करता, वह क़ाफ़िर है। (3) कोई मुसलमान, किसी पाप का प्रायश्चित्त किये बिना मर जाये तो उसे हमेशा के लिए दोज़ख (नरक) में कष्ट भोगना पड़ता है। (4) अन्य मुसलमान यदि ख़ारिजियों के मत को नहीं मानते तो उनसे लड़ाई करनी चाहिए और उन्हें ख़त्म कर देना चाहिए।[5]

इस्लाम के प्रारम्भिक सम्प्रदाय

ख़ारिजियों के विरोध में दो प्रमुख सम्प्रदाय अस्तित्व में आये—**मुरीजी** और **शीआ**। 'मुरीज' शब्द 'अरजया' से बना है, जिसका अर्थ है भविष्य के लिए छोड़ना। मुरीजी ख़ारिजियों के इस मत के प्रबल विरोधी थे कि नियमों का पालन न करनेवाला मुसलमान क़ाफ़िर है और ख़ारिजियों के मत को न माननेवालों को समाप्त कर देना चाहिए। इनकी मान्यता है कि पाप और पुण्य का निर्णय करनेवाला एकमेव अल्लाह है और यह किसी को ज्ञात नहीं कि किसी व्यक्ति के बारे में उसका निर्णय क्या होगा? अतः किसी मुसलमान को जो अल्लाह में आस्था रखता हो, क़ाफ़िर नहीं कहा जा सकता। ये अल्लाह और धर्म पर विश्वास को महत्त्व देते हैं आचरण पर नहीं। साथ ही ख़ारिजियों के प्रतिकूल इनकी यह भी मान्यता है कि आत्मरक्षा को छोड़कर एक मुसलमान को दूसरे से संघर्ष करने का अधिकार नहीं है।

इस काल में उद्भूत सम्प्रदायों में सर्वप्रथम **शीआ सम्प्रदाय** है। इस सम्प्रदायवाले हज़रत मुहम्मद के चौथे उत्तराधिकारी और दामाद अली के समर्थक थे। ईरान के मुसलमानों तथा कुछ अरबों ने वंशपरम्परा से ख़लीफ़ा पद के निर्णय को उचित माना। उनकी दृष्टि में ख़लीफ़ा ईश्वरीय विभूति-सम्पन्न होते हैं। चूँकि अली, हज़रत मुहम्मद के दामाद थे और उनके सर्वाधिक निकट के रक्त सम्बन्धी थे, अतः वही इस सम्प्रदायवालों की दृष्टि से ख़लीफ़ा हो सकते थे।[6] ये 'ख़लीफ़ा' के लिए 'इमाम' शब्द का प्रयोग करते थे। उसमें राजनीतिक प्रभुता के अतिरिक्त वे ईश्वरीय विभूति का दर्शन करते थे। इब्न ख़ल्दून के अनुसार 'एक लौकिक सम्राट् केवल मानव-निर्मित आदेशों का प्रतिपालन करवाता है, किन्तु दैवी भाव-सम्पन्न विधि-निर्माता द्वारा बनाये हुए नियमों की दो दिशाएँ होती हैं : मानव का नैतिक तथा सामाजिक कल्याण करना। ख़लीफ़ा पैग़म्बर का पुरोहित और सेनानायक होता है। वह एक लौकिक शासक से बढ़कर होता है तथा आध्यात्मिक गुरु भी होता है। ख़लीफ़ा को इसीलिए 'इमाम' कहा जाता है।[7]

शीआ सम्प्रदायवालों के अनुसार अल्लाह ने अली को हज़रत मुहम्मद का इमाम बनाकर भेजा और उनकी वंश-परम्परा में वह ज्योति प्रज्वलित कर दी जिससे उनके अतिरिक्त किसी में इमाम होने की क्षमता नहीं है। इनका मत है कि पैग़म्बर ने अल्लाह सम्बन्धी गुप्त भेद अली पर ही प्रकट किया था और यह ज्ञान इसी वंशवालों तक सीमित रहा है। अतः इसी वंश-परम्परा में से इमाम नियुक्त किया जा सकता है, उसका

चुनाव नहीं हो सकता। ये हज़रत मुहम्मद के तीन अन्य उत्तराधिकारियों और उनके वंशजों को ख़लीफ़ा मानने को तैयार नहीं थे। ख़लीफ़ा की नियुक्ति या चुनाव तथा इमाम के गुणों एवं महत्ता के प्रश्न को लेकर तत्कालीन शीआ और परवर्ती सुन्नी सम्प्रदायवालों में बड़ी गहरी खाईं का निर्माण हो गया जो दिनोंदिन और गहरी ही होती गयी।[8]

शीआ सम्प्रदायवालों का मूल इस्लाम धर्म से इतना अन्तर बढ़ता गया कि उनका एक उग्र वर्ग 'गुलात' हिन्दू धर्म से मिलते-जुलते सिद्धान्तों में विश्वास करने लगा।[9] वे 'गुलुब' और 'तकसीर' में विश्वास करते थे। 'गुलुब' का तात्पर्य है कि मनुष्य ईश्वरत्व तक पहुँच सकता है और 'तकसीर' का तात्पर्य यह है कि ईश्वर मानव के धरातल पर उतर सकता है। इस प्रकार वे अपने 'इमाम' में ईश्वरत्व की स्थापना करने लगे। आगे चलकर उनका विश्वास 'हुलूल' अर्थात् ईश्वर के मानव रूप में प्रकट होने, 'तसबीह' अर्थात् शरीरधारी ब्रह्म एवं 'रजा' अर्थात् इमाम के पुनर्जन्म तक पहुँच गया।[10]

शीआ सम्प्रदाय की इन मान्यताओं के पीछे कुछ लोग ईरानी संस्कार मानते हैं, किन्तु अधिकांश लोगों का मत है कि यमन के सना नामक स्थान के रहनेवाले एक यहूदी अब्दुल ईब्न सबा ने इन मान्यताओं को प्रचारित किया। वह अली को ईश्वरीय गुण-सम्पन्न परमात्मा मानता था तथा पुनर्जन्म में विश्वास रखता था।[11] इस प्रकार के अनेक उग्रवादी उपसम्प्रदाय शीआ के अन्तर्गत भिन्न-भिन्न देशों में विभिन्न नाम से प्रकट हुए। इनमें **अली इलाही** उपसम्प्रदाय विशेष महत्त्व का है जो ईरान और भारत में फैला है। ये अली के ईश्वरत्व में विश्वास करते थे, मस्जिदों में नहीं जाते थे और विवाह के अवसर पर पुरुष और स्त्री को सहनृत्य की छूट देते थे। ये ब्रह्म-निःसृत पाँच तत्त्वों में विश्वास करते थे जिनसे सृष्टि का निर्माण हुआ है। इनके अनुसार मनुष्य दो शक्तियों द्वारा परिचालित होता है—बुद्धि (अक़्ल) और वासना (नफ़्स)।[12] कुछ ऐसे भी शीआ हुए जिन्होंने क़ुरान के अभिधार्थ को अस्वीकार कर दिया और वे प्रतीकात्मक अर्थ करने लगे।[13]

क़ादिरी सम्प्रदाय के प्रवर्तक अब्दुल क़ादिर जिलानी थे। इस सम्प्रदाय के माननेवाले भाव-स्वातन्त्र्य के समर्थक थे तथा सर्वप्रथम इन लोगों ने धर्म में दार्शनिक तर्क-प्रणाली का प्रयोग प्रारम्भ किया।[14]

परम्परा से विद्रोह

परम्परागत इस्लाम के प्रतिकूल जो सम्प्रदाय स्वतन्त्र चिन्तन के क्षेत्र में उत्पन्न हो रहे थे उनमें कुछ तार्किक सम्प्रदायों का विशेष महत्त्व है। इनमें सबसे प्रमुख **मोतज़िला सम्प्रदाय** है। इमाम हसन अल बसरी ने जो मदीना में उत्पन्न हुए और बसरा में रहने लगे थे, अपने उदार एवं तर्कपूर्ण विचारों के प्रचार के लिए बसरा में एक व्याख्यान कक्ष स्थापित किया। उनका एक शिष्य अबू हुजैफा वसील बिन अता अल गज्जाल (699 ई. से 749 ई.) था। वह एक प्रतिभाशाली तथा विज्ञान एवं परम्पराओं के ज्ञान में पूर्ण

निष्णात व्यक्ति था।[15] जब एक धार्मिक प्रश्न हसन अल बसरी से पूछा गया तो उनके बताने से पूर्व ही वसील ने उसका उत्तर दे दिया जो इमाम हसन के विचारों के प्रतिकूल था। अतः उसे व्याख्यान कक्ष से अलग होने के लिए आदेश दिया गया। उसी मस्जिद के दूसरे भाग में जाकर उसने अपने मत की व्याख्या प्रारम्भ की और एक अलग मत का प्रतिपादन किया। इसी अलग होने के भाव को लेकर उसे मोतजिला कहा गया।[16]

मोतजिला बुद्धिवादी एवं तार्किक थे। इन लोगों ने तर्क के आधार पर क़ुरान की अपौरुषेयता एवं शाश्वतता पर आघात किया और उसी के अनुरूप भाषा में कृति रचकर उन लोगों ने सिद्ध किया कि यह मनुष्यकृत रचना है। उनका कहना था कि क़ुरान को ईश्वरीय ग्रन्थ मानकर परम्परावादी मुसलमान एकेश्वरवाद का विरोध करते हैं जो इस्लाम की मूलभूत मान्यता है। इनका दूसरा प्रमुख सिद्धान्त है कि मानव-नियति परमात्मा द्वारा पूर्व निर्धारित नहीं है। मनुष्य स्वयं अपने भले और बुरे कर्मों का निर्माता है जिसके लिए वह भावी जगत् में पुरस्कृत अथवा दण्डित होता है।[17] अच्छे और बुरे का निर्णय तर्क द्वारा होता है। तर्क ही ज्ञान का आधार है। इनका तीसरा और सबसे महत्त्वपूर्ण सिद्धान्त परमात्मा के एकत्व एवं उसके निर्गुण होने के सम्बन्ध में है। इन्होंने शंकराचार्य की भाँति परमात्मा के एकत्व का प्रतिपादन किया।[18] एक ओर इन्होंने परमात्मा के अवतरण को क़ुरान और हदीस के उद्धरणों द्वारा सिद्ध करनेवालों का विरोध किया और बताया कि वह एक और अमूर्त्त है। वह रूप, आकार और जन्म नहीं ग्रहण कर सकता। साथ ही परमात्मा में शक्ति, ज्ञान, प्रेम आदि शाश्वत गुणों का आरोप ठीक नहीं। इनके अनुसार केवल परमात्मा ही शाश्वत है अन्य कोई नहीं। उनमें शाश्वत गुणों के आरोप द्वारा अन्य उसी प्रकार के गुणवाली वस्तुओं को स्वीकार किया जाता है जिससे बहुत्व को मान्यता मिलती है। अब्दुल हुदहैल की मान्यता थी कि हिन्दू अद्वैतवादियों की भाँति ब्रह्म ज्ञाता, शक्तिमान् एवं प्रेमी है पर उसका ज्ञान, शक्ति और प्रेम उसके मूल तत्त्व का निर्माण करते हैं। ब्रह्म के गुणों का वर्णन केवल नकारात्मक रूप से किया जा सकता है।[19]

इस्लाम के उद्भव एवं उसकी मूल धारा की प्रतिक्रिया में उत्पन्न इन सम्प्रदायों की मान्यताओं को देखते हुए यह स्पष्ट हो जाता है कि इस्लाम के प्रवर्तक हज़रत मुहम्मद द्वारा प्रवर्तित पन्थ तथा इस पन्थ के पूज्य ग्रन्थ क़ुरान की स्थापनाएँ जीवन के बाह्य पक्ष पर अधिक बल देती थीं। सामाजिक सुव्यवस्था, परमात्मा की पूजा का विधान, परमात्मा में चरम आस्था तथा उसके नियमों की अवहेलना से भावी दण्ड की व्यवस्था आदि इस पन्थ की प्रमुख विशेषताएँ हैं। अरब के असभ्य एवं विशृंखल राष्ट्र में एक नवीन चेतना एवं राष्ट्रीय संगठन का भाव तो इस नवीन धर्म के फलस्वरूप अवश्य आया, परन्तु इसमें संन्यास वृत्ति एवं चिन्तन के अभाव के कारण तथा ऐहिक ऐश्वर्य की प्रधानता के कारण स्वार्थ, राज्यलिप्सा, संघर्ष एवं रक्तपात आदि का प्रचण्ड ताण्डव इतिहास के पृष्ठों पर उभर आया। दूसरी ओर इसी से निर्वेदपूर्ण संन्यस्त वृत्तियाँ भी

उभरने लगीं।[20] इस निर्वेद की भावना ने आगे चलकर सूफ़ीमत को जन्म दिया जिस पर इस्लामेतर दर्शनों का भी कुछ प्रभाव पड़ा।

इस्लाम पर बाह्य प्रभाव

कुछ इस्लामी सम्प्रदायों में प्राप्त परम्परा इस्लामी मान्यताओं का खण्डन एवं सूफ़ी संन्यास-भावना तथा चिन्तनप्रधान विचारकों के अभ्युदय के पीछे इस धर्म का चिन्तनशून्य पक्ष, खलीफ़ाओं के शासन के स्वार्थ-द्वन्द्व के कारण उत्पन्न निर्वेद एवं विदेशी तत्त्वचिन्तकों की चिन्तनधाराओं के प्रभाव का हाथ है। सूफ़ी-प्रवाह के पूर्व इस्लाम के गुलात, अली इलाही एवं मोतज़िला सम्प्रदायों द्वारा प्रवर्तित सिद्धान्तों में हिन्दू धर्म एवं दर्शन में प्रतिपादित सिद्धान्तों से समानता मिलती है। आगे आनेवाले सूफ़ीमत से भी भारतीय चिन्तनधारा की अनेक बातों में अभूतपूर्व समानताएँ मिलती हैं। इसी कारण प्रारम्भ के अनेक यूरोपीय समीक्षकों ने सूफ़ीमत पर भारतीय धर्म एवं दर्शनों, विशेषतः वेदान्त एवं बौद्धधर्म का प्रभाव स्वीकार किया। फ्रांसीसी विद्वान् डोजी इसे पूर्णतः भारतीय दर्शन से प्रभावित मानता है। इसी प्रकार का मत शोपेनहावर, गोल्डजिहर, ह्यूगेस तथा सर विलियम जोन्स आदि का भी है।[21] इसके विपरीत निकोल्सन, ब्राउन आदि का मत है कि सूफ़ीमत मूलतः यूनानी नव अफ़लातूनी दर्शन से प्रभावित है तथा इस पर कुछ नास्टिक, मानी एवं बौद्धधर्म के भी प्रभाव पड़े हैं।[22]

दो मतवादों की समानता को उनमें से एक दूसरे पर प्रभाव ढूँढ़ने के मार्ग में मनुष्य की व्यक्तिगत रुचि-अरुचि, उसके राष्ट्रीय, धार्मिक सम्बन्ध आदि उसके मत को बहुत प्रभावित कर देते हैं। ऐसे प्रभावों के स्पष्ट ऐतिहासिक सन्दर्भ न मिलने पर प्रायः तीन प्रश्न उठते हैं—

(1) दो मतों में परस्पर समानताएँ आकस्मिक हैं या सुव्यवस्थित ढंग से पर्याप्त अधिक मिलती हैं?

(2) दो मतों में से कौन-सा मत प्राचीन है?

(3) दोनों मतों के माननेवालों में परस्पर सम्बन्ध एवं आदान-प्रदान होने के प्रमाण प्राप्त होते हैं अथवा नहीं?

इस दृष्टि से देखने पर ज्ञात होगा कि प्रारम्भ में सूफ़ीमत (7वीं शताब्दी) कोई विशिष्ट मान्यता या चिन्तनधारा नहीं निर्दिष्ट कर सका था। उसमें संन्यासपूर्ण विरक्त जीवन, आत्मचिन्तन, भगवत्प्रेम तथा तल्लीनता का प्राधान्य था, पर नवीं शताब्दी से लेकर परवर्ती सूफ़ियों की चिन्तनधाराओं में भारतीय दर्शन एवं धर्म से अद्भुत समानता प्राप्त होती है जिसका विस्तृत विवेचन आगे सूफ़ीमत के ऐतिहासिक विकास-क्रम में किया जायेगा।

प्राचीनता की दृष्टि से भारतीय दर्शन विश्व के प्राचीनतम दर्शनों में से एक है। हज़रत मुहम्मद के जन्म के बहुत पूर्व वेद, उपनिषद् आदि के ज्ञान प्रकाशित हो चुके थे और भगवान् बुद्ध की अमृतमयी वाणी का प्रसार सम्पूर्ण एशिया में हो चुका था और यूरोप तक उसका प्रभाव पहुँच चुका था।

सूफ़ीमत की उद्‌भव-भूमि अरब तथा उसकी प्रसार-भूमि मिस्र, ईरान, सीरिया आदि से प्राचीन काल से ही भारत का व्यापारिक सम्बन्ध रहा है। निकोल्सन और ब्राउन आदि की यह मान्यता नितान्त निराधार है कि सूफ़ीमत के आविर्भाव-काल में इन स्थानों पर भारतीय प्रभाव बिलकुल नहीं था। इस दृष्टि से विचार करते समय हमें अरब और भारत के सम्बन्धों पर दृष्टि डालनी चाहिए।

इतिहास लेखकों ने इस बात का स्पष्ट संकेत किया है कि हज़रत मुहम्मद के जन्म के बहुत पूर्व से ही भारत और अरब के व्यापारिक एवं वैचारिक सम्बन्ध रहे हैं। डॉ. सैय्यद सुलेमान नदवी के अनुसार 'महात्मा मसीह से दो शताब्दी पहले आगा थरसीदास नामक यूनानी इतिहास लेखक लिखता है कि जहाज़ भारत के समुद्र-तट से सबा (यमन) आते हैं और वहाँ से मिस्र पहुँचते हैं।[23] इसी प्रकार सन् 14 हि. में एक अरब यात्री ने भारत की व्यापारिक वस्तुओं के सम्बन्ध में हज़रत उमर से कहा था कि भारत का समुद्र मोती है, उसका पर्वत लाल है और उसके वृक्ष इत्र हैं।[24] इससे स्पष्ट पता चलता है कि सन् 14 हि. के पूर्व भारत और अरब का बड़ा घनिष्ठ व्यापारिक सम्बन्ध स्थापित हो गया था। भारत और अरब ही नहीं प्रत्युत हज़रत मुहम्मद के बहुत पहले से ही भारत का सांस्कृतिक प्रभाव सम्पूर्ण पश्चिमी एशिया, यूनान और रोम तक पहुँच चुका था।[25]

भारत-अरब के व्यापारिक सम्बन्धों की चर्चा करते हुए डॉ. सुलेमान नदवी ने लिखा है कि सन् 14 हि. में इराक़ का अधिकार होने के पहले ईरानियों के समय में भारत के लिए फ़ारस की खाड़ी का सबसे बड़ा और प्रसिद्ध बन्दरगाह उबला था जो बसरे के पास था। व्यापार के लिए उबले और भारत के बीच इतना आना-जाना होता था कि अरब लोग उबले को भारत का ही एक टुकड़ा समझते थे। चीन और भारत से आनेवाले जहाज़ यहीं ठहरते थे।[26] विचार का विषय है कि इतना घनिष्ठ व्यापारिक सम्बन्ध होने पर उनके विचारों में साम्य मिलना अवश्य इस बात का द्योतक है कि वस्तुओं के आदान-प्रदान के साथ उनमें विचारों का आदान-प्रदान हुआ होगा। डॉ. ताराचन्द के अनुसार यदि भौतिक उपयोग की वस्तुएँ जैसे लोहा, तलवार, सोना, बहुमूल्य पत्थर आदि, भारत से फ़ारस और इराक़ तक पहुँचे तो भारतीय दार्शनिक विचारों ने भी वहाँ तक की यात्रा अवश्य की होगी।

भारत और अरब के ऐतिहासिक सम्बन्ध ज्ञात इतिहास में स्पष्ट रीति से मिलते हैं। सन् 15 हि. से ही अरब आक्रामकों एवं यात्रियों के भारत में आगमन के वर्णन मिलते हैं। आजकल जिस जगह बम्बई का शानदार शहर बसा हुआ है, उसके पास थाना नाम का एक छोटा-सा बन्दरगाह था, जो अब भी है। सबसे पहले सन् 15 हि. (सन् 636 ई.) में बहरैन के शासक की आज्ञा से अरबों ने इस बन्दरगाह पर चढ़ाई की।[27] हिजरी सन् को तीसरी शताब्दी से अरब के भारत यात्रियों का एक सिलसिला

ही हमें प्राप्त होता है। सौदागर सुलेमान (237 हि.), अबू जैद हसन सैराफी (264 हि.), अबू दल्फ मुसइर बिन मुहलहिल यूंबई (331 हि.), बुज़ुर्ग बिन सहरयार (300 हि.) अबुल हसन अली मसऊदी (303 हि.), इस्तखारी (340 हि.), इब्न हौकल (331-358 हि.), बुशारी मुकद्दशी (375 हि.), अलबेरूनी (400 हि.) और इब्न बतूता (779 हि.) आदि भारत यात्रियों एवं विवरण लेखकों ने भारत और अरब के सम्बन्धों को दृढ़ किया।[28]

अरबवाले धार्मिक दृष्टि से भी भारतीय ज्ञान-परम्परा से परिचित और उसका समादर करनेवाले थे। अंक-ज्ञान भारत से प्राप्त करने के कारण वे अंक को हिन्दसा कहते हैं तथा ज्योतिष और दर्शन के ज्ञान की दृष्टि से भी वे भारत के ऋणी हैं। इस सम्बन्ध में इब्न खलकान द्वारा प्रस्तुत प्रसिद्ध दार्शनिक एवं तार्किक जाहिज का विवरण द्रष्टव्य है। यह विवरण इस प्रकार है : "हम देखते हैं कि भारत के निवासी ज्योतिष और गणित में बढ़े हुए हैं और उनकी एक विशेष भारतीय लिपि है। विचार और चिन्तन की विद्या भी उन्हीं के पास से आयी है। ये ऐसा मन्त्र जानते हैं कि यदि उसे विष पर पढ़ दें तो विष निरर्थक हो जाये।"[29] जाहिज का देहान्त सन् 255 हि. में हुआ, जबकि सूफ़ीमत अपनी प्रारम्भिक अवस्था में था। उस समय बसरा के इस चिन्तक ने यह स्वीकार किया था कि विचार और चिन्तन की विद्या भारत से ही उन पश्चिमी देशों में पहुँची।

अरबवाले भारत के प्रति पूज्य भाव रखते थे और इस देश में उन्हें स्वर्गिक सौन्दर्य एवं सुगन्धि का आनन्द प्राप्त होता था। वे भारत को ही पृथ्वी का स्वर्ग मानते थे। हदीसों एवं क़ुरान की टीकाओं में जहाँ हज़रत आदम की कथा है, वहीं भिन्न-भिन्न प्रवादों के आधार पर यह उल्लेख मिलता है कि हज़रत आदम आकाश की जन्नत या स्वर्ग से निकाले गये तब से इसी देश की जन्नत या स्वर्गभूमि, जिसका नाम 'हिन्दोस्तान जन्नत निशान' या स्वर्ग तुल्य भारत है, उतारे गये। सरन्दीप (स्वर्णदीप या लंका) में उन्होंने पहला चरण रखा, जिसका चिह्न उसके पर्वत पर अब तक विद्यमान है?[30] यह भी प्रवाद है कि स्वयं हज़रत मुहम्मद को भारत की ओर से ईश्वरीय सुगन्धि (रब्बानी ख़ुशबू) आती थी।[31]

इन प्रसंगों से यह निर्विवाद रूप में प्रकट होता है कि भारतीय धर्म एवं जीवन-दर्शन का प्रभाव अरब, सीरिया, मिस्र, ईरान आदि देशों में सूफ़ीमत क्या, इस्लाम के उद्भव के पर्याप्त पूर्व से पड़ चुका था। यही कारण है कि स्वयं क़ुरान में हिन्दी के तीन शब्दों के होने की बात डॉ. सुलेमान नदवी ने स्वीकार की है।[32] हज़रत मुहम्मद के जीवन में हेरा की गुफाओं में जाकर एकान्त चिन्तन एवं तपश्चर्या के जो प्रसंग मिलते हैं तथा उनके द्वारा अलौकिक ज्योतिदर्शन का जो वर्णन मिलता है उससे प्रतीत होता है कि उन्हें योग-साधना का ज्ञान था और उसकी सिद्धि के लिए वे भारतीय योगियों की भाँति हेरा की गुफाओं में एकान्त सेवन करते थे। साधना की चरमावस्था में योगी को जिस आनन्द की प्राप्ति होती है और प्रकृति के कण-कण में उसे जैसे अलौकिक विभूति

के दर्शन होते हैं, वही सिद्धावस्था हज़रत मुहम्मद के जीवन में भी हमें दिखायी देती है।[33]

अरब के सूफ़ी साधकों के अतिरिक्त बसरा, बग़दाद, दमिश्क आदि केन्द्रों के सूफ़ी साधकों पर तो भारतीय बौद्धधर्म का प्रभाव पाश्चात्य विचारकों ने भी स्वीकार किया है। मध्य तथा पश्चिमी एशिया एवं यूरोप के सीमावर्ती बहुत-से देशों में इस्लाम के प्रवेश के बहुत पूर्व से ही बौद्धधर्म का आधिपत्य स्थापित हो चुका था। ''महाराज अशोक के गिरिनार और शाहबाजगढ़ी शिलालेखों से स्पष्ट अवगत होता है कि अन्तियोक नामक यवन राजा के राज्य तथा उनके निकटवर्ती प्रान्तों में महाराज ने ओषधि तथा प्रचारक भिक्षु भेजे थे। अन्तियोक का शासन सीरिया और पश्चिमी एशिया पर था।''[34] लोकमान्य तिलक ने गीता-रहस्य में लिखा है कि अशोक के शिलालेखों में यह उल्लेख है कि यहूदी लोगों के तथा आस-पास के देशों के यूनानी राजा एण्टियोकस से उसने सन्धि की थी।...इसके सिवा प्लूटार्क ने साफ़-साफ़ लिखा है कि ईसा के समय में हिन्दुस्तान का एक यती लाल समुद्र के किनारे अलेकजेण्डरिया के आस-पास के प्रदेशों में प्रतिवर्ष आया करता था। तात्पर्य, इस विषय में अब कोई शंका नहीं रह गयी है कि ईसा से दो-तीन सौ वर्ष पहले ही यहूदियों के देश में बौद्ध यतियों का प्रवेश होने लगा था और जब यह सम्बन्ध सिद्ध हो गया, तब यह बात सहज ही निष्पन्न हो जाती है कि यहूदी लोगों में संन्यासप्रधान एसी पन्थ का, और आगे चलकर संन्यासयुक्त भक्तिप्रधान ईसाई धर्म का प्रादुर्भाव होने के लिए बौद्धधर्म ही विशेष कारण हुआ होगा।

ईरान आदि पर हिन्दू एवं बौद्धधर्म का इतना अधिक प्रभाव इस्लाम के पूर्व पड़ चुका था कि डॉ. सुलेमान नदवी के अनुसार फ़ारसी के अनेक प्राचीन शब्द भारतीय उद्गम से ग्रहण किये गये। मूर्ति के लिए फ़ारसी में बुत शब्द है। इसे डॉ. नदवी बुद्ध का अपभ्रंश रूप मानते हैं। इसी प्रकार श्री चन्द्रबली पाण्डे सूफ़ियों में प्रचलित तजल्ली को उपनिषद् के तज्जलान (छान्दोग्य, 14-1) से निष्पन्न मानते हैं।[35] इतिहासकारों का सर्वमान्य मत है कि इस्लामी साम्राज्य के पूर्वी उपनिवेश–खोरासान, अफ़गानिस्तान, बलूचिस्तान, सीस्तान धर्म-परिवर्तन के पूर्व हिन्दू या बौद्ध थे।[36] प्रसिद्ध चीनी यात्री ह्वेनसांग (7वीं शताब्दी) ने भी खुरासान, ईरान आदि से लेकर सीधे सीरिया के तट तक बौद्धधर्म के व्यापक प्रभाव का निर्देश किया है। मध्य एशिया में इस्लाम के प्रचार के पूर्व अनेक विहार थे। बलख में एक बड़ा विहार था जिसमें 1000 भिक्षु रहते थे और जो 'नव बहार' कहा जाता था। इसी 'नव विहार' का फ़ारसी में बिगड़ा हुआ रूप 'नव बहार' मिलता है।[37] इस विहार का अधीक्षक 'बरमक' कहा जाता था जो आगे चलकर मुसलमान हो गया तथा उसी की वंश-परम्परा में अब्बासी ख़लीफ़ाओं के प्रसिद्ध बरमक वज़ीर हुए।[38] डॉ. नदवी 'बरमक' शब्द को 'परमक' का अपभ्रंश मानते हैं जिनका अर्थ श्रेष्ठ है।

अरबवासियों ने अत्यन्त प्राचीन काल से भारतीय साहित्य और विज्ञान से परिचय प्राप्त किया था। ''उन्होंने बौद्ध (तथा हिन्दू ग्रन्थों) का हिजरी दूसरी शताब्दी में अनुवाद

किया, यथा 'किताबलबुद' एवं बिलावहर का 'बुदासिफ' ज्योतिष एवं ओषधि पर मीमांसा सिन्द हिन्द (सिद्धान्त), 'शुत्रुद' (सुश्रुत) और शिरक (चरक), कहानी पुस्तकें 'कलिलाह दमन (पञ्चतन्त्र) तथा किताब सिन्दबाद; नीतिग्रन्थ शनक (चाणक्य) और बिदपा (हितोपदेश) तथा तर्कशास्त्र एवं सैन्य विज्ञान पर मीमांसाओं का भी उन्होंने अपनी भाषा में अनुवाद किया।[39]

बौद्धधर्म हिन्दूधर्म से निकला हुआ एक मतवाद है। प्रारम्भ में उसका जो भी रूप रहा हो, पर आगे चलकर बौद्धधर्म के दार्शनिकों ने उसे अद्वैत दर्शन की पीठिका पर अवस्थित किया। योग-साधना एवं तन्त्र-मन्त्र का व्यापक प्रभाव परवर्ती बौद्धधर्म पर पड़ा। मूर्तिपूजा तथा माला आदि उनकी जीवन-विधि के अंग बन गये। जगद्गुरु शंकराचार्य के अद्वैत वेदान्त और बौद्ध दर्शन की मान्यताओं में साम्य देखकर लोगों ने शंकराचार्य को 'प्रच्छन्न बौद्ध' कहा। सूफ़ियों ने हिन्दू चिन्तनधारा से प्रत्यक्ष रूप से तथा बौद्धधर्म के माध्यम से भी प्रभाव ग्रहण किया। इनमें 'निर्वाण' या 'मोक्ष' की भाँति 'फ़ना' की भावना, त्याग एवं संन्यासपूर्ण जीवन-विधि, जप-माला आदि के प्रयोग भारतीय साधना के प्रभाव से ही पहुँचे। बौद्धधर्म का तो इतना प्रभाव सूफ़ियों पर पड़ा कि भगवान् बुद्ध के जीवन की कथाओं को भी सूफ़ी सन्तों के जीवन के साथ जोड़कर कहा जाने लगा।

जब सूफ़ी साधकों ने भारत का भ्रमण प्रारम्भ किया और उन्होंने यहाँ की ज्ञान-राशि से प्रत्यक्ष सम्बन्ध स्थापित किया तब उनके ऊपर भारतीय अद्वैत वेदान्त का व्यापक प्रभाव पड़ा। मंसूर अल हल्लाज, इब्नुल अरबी, अब्दुल करीम अल जिली आदि पर यह प्रभाव स्पष्ट रूप में दीख पड़ता है। सूफ़ीमत पर पड़े हुए प्रभावों की दृष्टि से दो प्रकार के विचार देखने को मिलते हैं। एक मतवाले सम्पूर्ण सूफ़ी चिन्तनधारा को क़ुरान में ढूँढ़ते हैं और बहुत अधिक तो उसे बौद्ध प्रभाव तक मानने को तैयार होते हैं।[40] दूसरे मतवाले इस पर वेदान्त का प्रत्यक्ष प्रभाव मानते हैं।[41]

सूफ़ीमत का विकास

सूफ़ीमत के विकास को हम दो भागों में विभाजित कर सकते हैं : (1) प्रादुर्भाव-काल (9वीं शताब्दी के पूर्व) और (2) विकास-काल (9वीं शताब्दी के पश्चात्)। प्रादुर्भाव-काल के सूफ़ी साधकों में जिन सन्तों का नाम लिया जाता है, उनकी कोई विशिष्ट चिन्तन-प्रणाली नहीं दीख पड़ती और न ही उन लोगों ने इस्लाम के अन्य सम्प्रदायों की भाँति अपने मत की विवेचना और व्याख्या ही की। कुछ लोगों का मत है कि सूफ़ी शब्द का प्रथम प्रयोग कूफा के अबू हाशिम (778 ई. में वर्तमान) के लिए किया गया है। इसके प्रतिकूल कुशैरी तथा शहाबुद्दीन सुहरावर्दी का मत है कि इस शब्द का प्रयोग हिजरी सन् की दूसरी शताब्दी के बाद अर्थात् 815 ई. के पश्चात् हुआ होगा, क्योंकि यह हदीस के संग्रह गन्थ 'सित्तह' (9वीं-10वीं शताब्दी) अथवा प्रसिद्ध अरबी कोश 'कामूल' (सन् 1414 ई.) में नहीं मिलता है।[42] परवर्ती काल के सभी सूफ़ी

बसरा के प्रसिद्ध सन्त अल हसन (मृ. 728 ई.) का नाम आदर के साथ लेते हैं और उनका सम्बन्ध अपनी परम्परा से जोड़ते हैं। एक प्रकार से सूफ़ीमत के विकास का यहीं से प्रारम्भ काल माना जा सकता है। हसन में तपश्चर्या, ऐहिक ऐश्वर्य के प्रति उदासीनता एवं संन्यास-वृत्ति का प्राधान्य था। वह मानवीय गुणों को धार्मिक कर्मकाण्डों से अधिक महत्त्व देते थे। उनके शिष्यों में परम्परावादी तथा सूफ़ी दोनों का उल्लेख मिलता है।

हिजरी सन् की दूसरी शताब्दी में दो प्रमुख सन्त हुए : इब्राहीम बिन अधम (मृ.783 ई.), फुजायल बिन अयाज (मृ. 801 ई.)। इस समय तक इन सन्तों में परमात्मा के प्रति प्रेम और उसके फलस्वरूप प्रेमोल्लास, विरक्ति भाव एवं संन्यास-वृत्ति का समावेश हो गया था। इब्राहीम बिन अधम और फुजायल बिन अयाज क्रमशः बलख तथा मर्व के रहनेवाले थे। इनके जीवन में संसार के प्रति विरक्ति एव संन्यास की भावना थी। आत्मशुद्धि पर इनका अधिक बल था। 'अधम' तो बलख का शासक था। एक दिन शिकार खेलते हुए उसे आत्मबोध हुआ और उसने वहीं एक गड़रिये को अपना घोड़ा देकर उससे कम्बल ले लिया और मक्के की ओर चल पड़ा। मार्ग में निशापुर के निकट एक गुफा में तपश्चर्या करते हुए उसने 9 वर्ष व्यतीत किये। संसार में स्वयं कष्ट सहने में उसे प्रसन्नता होती थी और दूसरों के कष्ट देखकर उसे अपार पीड़ा होती थी।

इस काल की सबसे प्रसिद्ध साधिका प्रेम दीवानी राबिया अल अदाबिया थी जो बसरा की रहनेवाली थी। वह अपने माता-पिता की चौथी सन्तान थी। वह एक गरीब परिवार की थी। अपने माता-पिता की मृत्यु और दुर्भिक्ष में तीन बड़ी बहिनों की दारुण मृत्यु के कारण वह असहाय हो गयी थी। कष्टों ने उसके जीवन में सात्त्विकता, एकान्त-साधना एवं प्रभु के प्रति प्रेम के भाव का निर्माण किया। इसी ने सूफ़ी साधकों में माधुर्य भाव का श्रीगणेश किया। ईश्वर के प्रेम में उसे इतना आनन्द मिलता था कि उसे संसार में अन्यत्र किसी प्रेम और घृणा की स्थिति का पता ही नहीं चलता था। वह कहती थी : "परमात्मा के प्रेम ने मुझे इतना अभिभूत कर दिया है कि मेरे हृदय में किसी अन्य के प्रति न तो प्रेम शेष रहा, न तो घृणा ही शेष रही है।" परमात्मा में तल्लीनता की इस अद्‌भुत स्थिति का दर्शन यूनानी और भारतीय दोनों ही दर्शनों में प्राप्त होता है। गीता में स्थितप्रज्ञ के लक्षण का निरूपण करते हुए श्रीकृष्ण ने कहा है—

> **यः सर्वत्रानभिस्नेहस्तत्तत्प्राप्य शुभाशुभम्।**
> **नाभिनन्दति न द्वेष्टि तस्य प्रज्ञा प्रतिष्ठिता।।**[43]

अर्थात् जो पुरुष संसार से स्नेहरहित होकर, सांसारिक शुभ एवं अशुभ वस्तुओं के प्रभाव से न प्रसन्न होता है न द्वेष करता है, वह स्थिरबुद्धि कहा जाता है। इस प्रकार की स्थिरता ब्रह्म में पूर्ण तल्लीनता की स्थिति में ही आती है। इसी तल्लीनता का भाव

परवर्ती सूफ़ियों में और भी प्रगाढ़ होकर उनमें ब्रह्म तादात्म्य की स्थिति के रूप में प्रस्फुटित हुआ। राबिया की ही भाँति अन्य साधिकाओं ने भी माधुर्य भाव से परम प्रियतम के प्रति विरह की अनुभूति की और उन्हें इस्लाम के क्रूर शासकों का दण्ड भोगना पड़ा। वत्जा के हाथ-पैर काटे गये पर उसको इसका दुःख न रहा। भविष्य की विभूति (परमात्मा से तादात्म्य) ने उसे घोर सन्ताप से विमुख कर दिया। वह परम प्रेम में मत्त रही।

राबिया ने तौबा (सांसारिक वैभव का तिरस्कार) और तव्वकुल (परमात्मा पर पूर्ण विश्वास) पर बल दिया। संसार से उसको विरक्ति थी और परम प्रियतम परमात्मा तथा प्रेमी आत्मा के बीच न वह किसी रसूल और पैग़म्बर को स्वीकार करती थी और न ही वह प्रेम का लक्ष्य स्वर्ग की प्राप्ति या नरक से मुक्ति मानती थी, प्रत्युत उसका प्रेम स्वयं साध्य था। वह प्रेम के अतिरिक्त कुछ भी नहीं चाहती थी।

सूफ़ीमत के आरम्भिक सन्तों में मिलनेवाली संन्यास-वृत्ति एवं माधुर्य भावना के लिए अरबेतर विचारों का मन्थन बहुत युक्तिपूर्ण नहीं लगता। ख़लीफ़ाओं के शासन में व्याप्त स्वार्थ-लोलुपता और हिंसा आदि ने उदारचेता मानवों के लिए वैराग्य का कारण उपस्थित किया। साथ ही सन्तों एवं साधिकाओं की व्यक्तिगत परिस्थितियों ने भी उन्हें वैराग्य की ओर मोड़ा। जहाँ तक माधुर्य भाव का प्रश्न है इस्लाम-पूर्व अरब में प्रचलित देवदासी प्रथा में इस भाव का बीज विद्यमान था। अवसर पाकर एकान्तिक साधना में वही माधुर्य भाव के रूप में प्रकट हुआ होगा।[44]

नवीं शताब्दी के उपरान्त सूफ़ीमत का विकास-काल प्रारम्भ होता है। इसमें सर्वप्रथम हमारा ध्यान मिस्र देशवासी ज़ुलनून (मृत्यु 916 ई.) की ओर जाता है। सूफ़ी चिन्तनधारा में वह प्रथम ज्ञात चिन्तक के रूप में स्मरण किया जाता है। राबिया ने प्रेममार्ग की स्थापना करके उसे पुष्ट किया था, ज़ुलनून ने प्रेम को, व्याख्या एवं तर्कों द्वारा एक सैद्धान्तिक रूप प्रदान किया। 'इल्म' और 'मारिफ़' (ज्ञान और प्रज्ञान) का भेद बताकर इसने प्रेम को प्रज्ञात्मक सिद्ध किया। उसकी दृष्टि में मारिफ़त का सम्बन्ध ख़ुदा की मुहब्बत से है।[45] मारिफ़त के अतिरिक्त उसने इस्लामी 'तौहीद' के सिद्धान्त की भी नवीन व्याख्या की तथा यह बताया कि अन्य देवी-देवताओं के निषेध मात्र से ख़ुदा का एकत्व सिद्ध नहीं होता, प्रत्युत जब साधक उसके प्रेम में इतना तल्लीन हो जाये कि खुदा के अतिरिक्त कुछ शेष ही न रहे तब 'तौहीद' की सार्थकता है। आध्यात्मिक प्रेम के लिए साक़ी और प्याले का प्रतीक रूप में प्रयोग कदाचित् इसने ही सर्वप्रथम किया था।[46] यह क़ुरान की अपौरुषेयता का खण्डन करता था। इसलिए मिस्रवाले इसे 'क़ाफ़िर' कहते थे, यद्यपि मृत्यु के उपरान्त वहाँ इसकी अद्भुत प्रतिष्ठा हुई। इसे 'मलामती' (लोगों के बुरा-भला कहने का ख़याल न करके अपने काम में लगा रहनेवाला), 'जिन्दीक' (पैग़म्बर को प्रमाण न माननेवाला स्वतन्त्रचेता) एवं क़ुत्ब (उच्च ज्ञानी)[47] कहा गया। अपने इस्लाम विरोधी विचारों के कारण ख़लीफ़ा मुतवक्किन ने उसे

बग़दाद बुलवाकर कारागार में डाल दिया था, पर बाद में वह ज़ुलनून से प्रभावित हुआ और उसे कारागार से मुक्त कर दिया गया।

इस काल का दूसरा प्रसिद्ध सन्त मारूफ़ अल करखी (मृत्यु 872 ई.) था। वह ख़लीफ़ा हारूँ रशीद के समय में बग़दाद के करख नामक स्थान में रहता था। वह परमात्मा के प्रेम में डूबा रहता था। ज़ुलनून की भाँति भगवान् के प्रेम को वह भी ईश्वरीय कृपा का फल मानता था। उसने प्रेम की सुरा में निरन्तर मदमत्त रहने का संकेत किया।

चिन्तन की दिशा में ज़ुलनून के उपरान्त दूसरा प्रसिद्ध विचारक बायजीद बिस्तामी (मृत्यु 931 ई.) हुआ। वह पारसी था जिसने बाद में इस्लाम ग्रहण कर लिया। उसका पिता जरथुस्त्र को माननेवाला था। उसने सूफ़ीमत में अद्वैत की प्रतिष्ठा की। उसने फ़ना के सिद्धान्त का प्रतिपादन कर सूफ़ीमत में आर्य संस्कारों को भर दिया और भविष्य के सूफ़ियों के लिए अद्वैत का मार्ग खोल दिया।[48] बायजीद ने इस बात का प्रतिपादन किया कि इच्छाओं के पूर्ण दमन के बाद ही परमात्मा की प्राप्ति हो सकती है। जब तक उसे प्राप्त करने की इच्छा भी शेष रहती है, वह नहीं मिलता। इस प्रकार 'अहं' के पूर्ण रूप से 'ब्रह्म' में विलय के सिद्धान्त का उसने प्रतिपादन किया। उसने कहा, 'साँप जिस प्रकार केंचुल छोड़ता है, उसी प्रकार मैंने अहं छोड़कर अपनी ओर देखा और पाया कि मैं और वह एक एक ही हैं।'[49] उसके इन विचारों पर अद्वैत वेदान्त का गहरा प्रभाव दिखलायी पड़ता है। परवर्ती चिन्तक मंसूर अल् हल्लाज के 'अनलहक़' का बीज बायजीद के इन कथनों में विद्यमान था। उसने उपनिषदों की भाँति प्रभु की सत्ता का दर्शन प्रकृति के कण-कण में किया और उसे अन्तर्यामी बताया।

ज़ुलनून मिस्री एवं बायजीद बिस्तामी दोनों ने ही गुरु के महत्त्व का प्रतिपादन किया और गुरु को परमात्मा से भी अधिक महत्त्व का स्थान दिया। इस युग के एक अन्य सूफ़ी विचारक अबू सुलेमान अल दारानी हुए जिन्होंने 'मारिफ़त' के सिद्धान्त को पूर्ण रूप से प्रकाशित किया तथा बायजीद की भाँति परमात्मा में एकनिष्ठ प्रेम और पूर्ण तल्लीनता को महत्त्व दिया।

ज़ुनैद (मृत्यु 966 ई.) इस काल का एक सम्मान प्राप्त सूफ़ी था। उसका सम्मान मुल्ला और सूफ़ी दोनों करते थे। यह मंसूर अल् हल्लाज का गुरु था। वह अवसर के अनुकूल व्यवहार करता था। जब मंसूर के 'अनलहक़' कहने पर ज़ुनैद से इसके औचित्य के बारे में पूछा गया तब उसने कहा कि यदि मैं फ़क़ीर के बाने को धारण करके कहूँगा तो उसका कहना उचित है और यदि मुल्ला का बाना धारण करके कहूँगा तो उसका कहना अनुचित है। उसके अनुसार सूफ़ी वही है जो परमात्मा में इतना तल्लीन रहता हो कि उसे अन्य सत्ता का ज्ञान ही नहीं रहता।

इस युग का महान् क्रान्तिकारी सूफ़ी विचारक हुसैन बिन मंसूर अल् हल्लाज था। इसे सूफ़ीमत का शिरोमणि, तसव्वुफ़ का प्राण, अद्वैत का आधार एवं शहीदों का आदर्श कहा गया है।[50] वह ईरान को रहनेवाला था। उसने अनेक स्थानों का भ्रमण किया।

वह कई बार भारत आया था।[51] उसने गुजरात का भ्रमण भी किया था।[52] भारत आकर उसने योगविद्या एवं वेदान्त दर्शन का ज्ञान प्राप्त किया, यह उसकी स्थापनाओं को देखकर सहज ही प्रतीत होता है। अद्वैतवादियों के 'अहं ब्रह्मास्मि' की भाँति उसने 'अनलहक़' अर्थात् मैं ही सत्य (ब्रह्म) हूँ, का उद्घोष किया। साधना की तल्लीनावस्था में अचानक यह वाक्य उसके मुख से निकला था। इसके बाद वह इसे दुहराया करता था। परम्परावादी मुल्लाओं को यह क़ुरान विरोधी घोषणा सह्य न हुई। उसे कारावास-दण्ड दिया गया। वहाँ भी वह 'अनलहक़' कहा करता था। अतः उसे प्राण-दण्ड दिया गया। रक्तपिपासु, निर्दय मुल्लाओं एवं नृशंस शासकों की बर्बरता के लक्ष्य महात्मा मंसूर को दुःसह यातनाएँ भोगनी पड़ीं। उसके हाथ, पैर, नाक, कान, जिह्वा को क्रमशः काटा गया, उसकी आँखें निकाल ली गयीं, सूली पर चढ़ाया गया और अन्त में उसका सिर काट लिया गया। फिर भी अन्त तक वह 'अनलहक़' कहता रहा।

मंसूर के अनुसार सृष्टि के पूर्व ब्रह्म एक था। वह अपने शाश्वत सन्देश को अपने-आप में समाहित किये हुए था तथा अपने तत्त्व की विभूति में निमग्न था। उस तत्त्व का भी मूलतत्त्व प्रेम है। अपने पूर्ण एकाकीपन में वह प्रेम भाव से प्रदीप्त हुआ और इसी दीप्ति से उसके गुणों और नामों में विविधता का निर्माण हुआ। सृष्टि के निर्माण की यह प्रक्रिया है। उसका जो वर्णन मंसूर ने किया है, वह वर्णन भारतीय उपनिषदों में वर्णित सृष्टि-रचना-प्रक्रिया के समान है। वहाँ भी एकाकी ब्रह्म में एक से बहुत होने की भावना का उल्लेख मिलता है—एकोऽहं बहुस्याम। मंसूर ने आगे चलकर बताया है कि अपने महत्तम आनन्द को देखने के लिए ब्रह्म ने अपनी एक प्रतिमूर्ति प्रकट की अर्थात् अपने गुणों और नामों का मूर्तरूप उसने 'आदम' के रूप में प्रकट किया।[53] इस प्रकार ब्रह्म (लाहूत) आदम के रूप में मानवीय ब्रह्म (नासूत) होकर प्रकट हुआ।[54] मंसूर ने ब्रह्म और जीव के सम्बन्ध में यह बताया कि मानव-आत्मा में ब्रह्म का प्रकाश होता है। हिन्दू दर्शन की शब्दावली में कहा जा सकता है कि पुरुष, प्रकृति को ज्ञान द्वारा प्रकाशित करता है।[55]

बहुत-से विचारक मंसूर को द्वैतवादी सिद्ध करते हैं, क्योंकि उसने ब्रह्म एवं जीव में अद्वैत वेदान्त की भाँति पूर्ण एकत्व स्थापित नहीं किया। यद्यपि उसका 'अनलहक़' का उद्घोष और उसके द्वारा वर्णित सृष्टि-निर्माण की प्रक्रिया बहुत-कुछ अद्वैती है, फिर भी वह पूर्ण ब्रह्म एवं उसके प्रतिरूप में कुछ स्तरों का अन्तर मानता है। वह कहता है कि मैं वही ब्रह्म हूँ जिसको प्यार करता हूँ, जिसे प्यार करता हूँ वह मैं ही हूँ। हम एक शरीर के दो प्राण हैं। यदि तू मुझे देखता है तो उसे देखता है और यदि उसे देखता है तो हम दोनों को देखता है।[56] उसके पूर्ण ब्रह्म और प्रतिरूप की कल्पना विशिष्टाद्वैत के पूर्ण ब्रह्म एवं अवतारी ब्रह्म (ईश्वर) से मिलती-जुलती है। इसीलिए श्री चन्द्रबली पाण्डे ने कहा है कि सूफ़ीमत के प्रकाण्ड पण्डित उसे द्वैती सिद्ध करना चाहते थे, पर हल्लाज द्वैतवादी कदापि न था, अधिक-से-अधिक वह विशिष्ट अद्वैती था। सूफ़ियों ने

तो उसे अद्वैत का विधाता माना है।[57] हल्लाज को सूफ़ी चिन्तकों में सबसे अधिक मौलिक माना गया है तथा उसकी धार्मिक अनुभूतियों को जीवन की गहराई में सर्वाधिक प्रवेश करनेवाला स्वीकार किया गया है।[58]

मंसूर हल्लाज की दुर्दशा का कारण कट्टर मुल्लाओं का आक्रोश था। इस परिस्थिति से परवर्ती सूफ़ी साधकों में एक नवीन दृष्टि का दर्शन होता है। फराबी (मृत्यु 1007 ई.) ने क़ुरान और दर्शन का समन्वय करके सूफ़ीमत के प्रसार के मार्ग को निष्कण्टक बनाने का प्रयत्न किया। अबूबकर अल कलाबाधी (मृत्यु 1052 ई.) ने इसी दृष्टिकोण से सन् 995 में 'किताबुल तारूफ मज़हबे अहले तसव्वुफ़' की रचना की जिसे कट्टर इस्लाम समर्थकों और सूफ़ी विचारकों दोनों द्वारा मान्यता प्राप्त हुई।[59]

कुशेरी (मृत्यु 1072 ई.) ने नव अफ़लातूनी सृष्टि-प्रक्रिया सम्बन्धी इस विचार से सूफ़ीमत को अभिषिक्त किया कि सृष्टि के उद्भव में मध्यवर्ती शक्तियों का हाथ होता है तथा इब्नसीना ने यह मत प्रतिपादित किया कि ब्रह्म शाश्वत सौन्दर्य है और संसार रूपी दर्पण में उसी का प्रतिबिम्ब दिखायी पड़ता है। इस काल का एक प्रसिद्ध विचारक हुज्वेरी (मृत्यु 1092 ई.) हुआ, जिसने 'कश्फुल महजूब' नामक ग्रन्थ की रचना की। इसने तसव्वुफ़ और इस्लाम का तुलनात्मक अध्ययन प्रस्तुत किया।

इस काल का सबसे बड़ा विचारक अल ग़ज़ाली (मृत्यु 1111 ई.) था। इसने सूफ़ीमत की इस्लामसम्मत व्याख्या की। इसने परमात्मा के साक्षात्कार के क्षेत्र में तर्क और ज्ञान को महत्त्वहीन बताकर अनुभूति एवं आत्मबोध के महत्त्व का प्रतिपादन किया। उसने तीन लोकों की स्थिति बतलायी :

(1) आलमे मुल्क (परिवर्तनीय संसार) जिस लोक में निवास करता है।

(2) आलमे जबरूत (शक्ति-सम्पन्न संसार) सन्देशवाहक फ़रिश्ते इसी लोक में आते हैं।

(3) आलमे मलकूत (शाश्वत शान्ति का संसार) रूह जहाँ से आती है और जहाँ लौटकर पुनः चली जाती है।

उसने बतलाया कि इस्लाम का सम्बन्ध मलकूत से और क़ुरान का जबरूत से है। इस प्रकार सूफ़ी जो अपने को क़ुरान से ऊपर स्वयं को पूज्य तथा 'हक' कहते हैं तो उसका तात्पर्य यह होता है कि अल्लाह की रूह मनुष्य के अन्दर है और जो अपने रूह को जान लेता है, वह ख़ुदा को जानता है। इस प्रकार ईश्वर और जीव का अंशांशी सम्बन्ध है। अतः जब सूफ़ी आत्मबोध की परम अवस्था में 'अनलहक' कहते हैं तो इसका परम्परागत इस्लाम से कोई विरोध नहीं होता। इस समन्वय द्वारा अल ग़ज़ाली ने अबू हसन बसरी, जुनैद आदि द्वारा प्रारम्भ किये हुए कार्य को पूर्णता पर पहुँचाया। उसने इस्लाम और तसव्वुफ़ के संघर्ष को समन्वय द्वारा शान्त किया और दोनों का ही पूज्य हुआ। उसे 'हुज्जतुल इस्लाम' (इस्लाम का प्रमाण) कहा गया तथा उसकी रचना 'अहियाउल उलूम' को दूसरा क़ुरान कहा जाने लगा।

अल गजाली के उपरान्त सूफ़ी चिन्तन में मंसूर हल्लाज और उसके अनुयायियों की एक परम्परा दीख पड़ती है जिन पर भारतीय चिन्तनधारा का प्रभाव पड़ा है। दूसरी ओर ऐसे भी विचारक हुए जो गजाली की परम्परा में पड़ते हैं और जो सम्पूर्ण सूफ़ी साधना को क़ुरान और हदीस की परिधि से बाहर नहीं जाने देना चाहते।

प्रथम प्रकार के साधकों ें इब्नुल अरबी (मृत्यु 1240 ई.) का प्रमुख स्थान है। वह स्पेन का रहनेवाला था पर स्पेन से मक्का चला आया और 40 वर्ष तक बग़दाद दमिश्क आदि में घूमता रहा। सम्भव है वह भारत भी आया हो, पर इसका निश्चित प्रमाण प्राप्त नहीं है। कहा जाता है कि उसने योग के एक ग्रन्थ 'अमृतकुण्ड' के एक योगी द्वारा किये गये अरबी अनुवाद का संशोधन भी किया था। मंसूर के समय से ही भारत के अद्वैत दर्शन ने सूफ़ियों को आकृष्ट करना प्रारम्भ कर दिया था। अरबी ने बड़े ही सशक्त शब्दों में तसव्वुफ़ का अद्वैती प्रतिपादन किया। उसने वहदतुल वजूद के सिद्धान्त को प्रचारित किया। उसका प्रसिद्ध ग्रन्थ 'फतूहात-ए-मक्किया' है।

इब्नुल अरबी अद्वैतवादी है, यद्यपि उसने अपने विचारों को क़ुरान के पाठों द्वारा प्रमाणित और पुष्ट किया है।[60] उसने 'हक' और 'ख़ल्फ़' अर्थात् स्रष्टा और सृष्टि में अभेद का दर्शन किया। उसके कथनानुसार ब्रह्म सांसारिक अनेकताओं के पीछे एकत्व एवं सम्पूर्ण नश्वर दृश्यों के पीछे एकमेव सत्य है। उसका कहना है कि परमात्मा के अतिरिक्त और कुछ भी नहीं है। उसके अतिरिक्त किसी वस्तु का अस्तित्व नहीं है। वहाँ सभी वस्तुओं का सारतत्त्व एक ही है, जहाँ वहाँ के लिए भी गुंजाइश नहीं है। (फतूहात-ए-मक्किया)।[61]

अरबी के अनुसार मानव और प्रकृति दर्पण के समान हैं, जिनमें स्वयं ब्रह्म का प्रतिबिम्ब दिखलायी पड़ता है। ब्रह्म सृष्टि के कण-कण में अपने-आपको अभिव्यक्त करता है। मनुष्य और ब्रह्म के सम्बन्ध को निरूपित करता हुआ वह कहता है कि मनुष्य ब्रह्म का व्यक्त स्वरूप है और ब्रह्म मानव की अन्तश्चेतना (रूह) है।[62]

इब्नुल अरबी के 'वहदतुल वजूद' के सिद्धान्त को इस्लामी 'तौहीद' के सिद्धान्त का प्रसार माना जाता है। जहाँ 'तौहीद' की यह मान्यता है कि केवल एक परमात्मा का अस्तित्व है, वहाँ वहदतुल वजूद के अनुसार एक परमात्मा के अतिरिक्त अन्य कोई अस्तित्व ही नहीं है। इस सम्बन्ध में उसने बताया कि यह हृदय में अनुभव करने की वस्तु है, इसे तर्क द्वारा नहीं जाना जा सकता। इसके लिए ज्ञान के उच्च धरातल की आवश्यकता होती है, जिसका आधार प्रज्ञात्मक स्वानुभव होता है जिसे वह 'ज़ौक़' कहता है।[63]

अरबी के इस सर्वात्मवाद के सिद्धान्त की व्यावहारिक उपलब्धि यह रही कि ब्रह्म की उपासना अनेक रूपों में हो सकती है और सभी धर्मों में सत्य निहित है। उसके अनुसार जो तत्त्वज्ञानी है, वह अन्य धर्मों की निन्दा नहीं करता। उसने बताया कि जुनैद के इस कथन का कि जल का रंग उसे धारण करनेवाले बर्तन की भाँति हो जाता है,

जो मर्म को समझता है वह दूसरों के विश्वासों में व्याघात नहीं डालता, प्रत्युत प्रत्येक रूप एवं प्रत्येक विश्वास में परमात्मा का दर्शन करता है।[64]

अरबी के इन विचारों पर प्रकट रूप से भारतीय अद्वैत वेदान्त की छाप है। इसमें उपनिषदों के प्रतिबिम्बवाद एवं सर्वात्मवाद की झलक भी दिखायी पड़ती है। जिन विचारों का प्रतिपादन अरबी तसव्वुफ़ में कर रहा था वे विचार भारतीय वेदान्त के अतिरिक्त अन्यत्र कहीं इतने व्यवस्थित रूप में नहीं प्राप्त होते हैं। 'अमृतकुण्ड' के अनुवाद के संशोधन के प्रसंग से भी लगता है कि अरबी को भारतीय दर्शन का ज्ञान था।

पाश्चात्य लेखकों ने अरबी के ऊपर अशरिया, मोतज़िला, इखवानुलसफ़ा, नवअफ़लातूनी, प्लोटिनस, स्टोइक, जरथुस्त्र एवं मानी मतों का प्रभाव स्वीकार किया है, परन्तु उन सभी ने उसके पूर्ण अद्वैत के लिए एकत्ववाद (Monism) शब्द को अशक्त और अद्वैत (Non-Dualism) को ही उपयुक्त बताया है। अरबी ने जिस पूर्णता एवं तर्क के साथ अद्वैत का प्रतिपादन किया है वैसा भारतीय वेदान्त को छोड़कर अन्यत्र कहीं भी नहीं हुआ है।[65]

भारतीय सूफ़ीमत-साधना एवं साहित्य-परम्परा पर जितना अधिक प्रभाव इब्नुल अरबी का पड़ा उतना कदाचित् किसी अन्य सूफ़ी विचारक का नहीं। हिन्दी के प्रसिद्ध सूफ़ी कवियों में उसके विचारों की छाप हमें दिखायी पड़ती है, विशेषतः मंझन की मधुमालती पर। मध्यकालीन भारत में अकबर के समय में इब्नुल अरबी के 'वहदतुल वजूद' के सिद्धान्त का अच्छा प्रभाव सूफ़ियों पर था। अकबर का 'दीन ए इलाही' भी इससे प्रभावित था। अकबर के सम्बन्ध में कहा जाता है कि उसके कारण सर्वात्मवादी विचारों का प्रसार हुआ और भारत में मुसलमानों की धार्मिक चेतना का ह्रास हुआ।[66]

ख़्वाजा बकीविल्लाह (1563-1603 ई.) द्वारा प्रवर्तित नक़्शबन्दी सम्प्रदाय ने वहदतुल वजूद के सिद्धान्तों को परम्परागत इस्लाम के अस्तित्व के लिए संकट बतलाया। बकीविल्लाह के योग्य शिष्य शेख़ अहमद सरहिन्दी उपनाम 'मुजद्दीद' ने बहदतुल वजूद के सिद्धान्तों का विरोध किया, क्योंकि इसे वेदान्ती सर्वात्मवाद से प्रभावित माना जाता था। उसने वहदतुल शहूद के सिद्धान्त का प्रतिपादन किया। इसके अनुसार अल्लाह और सृष्टि एक नहीं है। मुजद्दीद के अनुसार अरबी फ़ना की स्थिति में बात करता था, जब अल्लाह के अतिरिक्त कुछ भी नहीं दृष्टिगत होता। अतः उसने संसार के अस्तित्व को ही अस्वीकार करना प्रारम्भ कर दिया। जैसे सूर्य की ज्योति में सितारे अदृश्य हो जाते हैं, यद्यपि वे आकाश में विद्यमान रहते हैं उसी प्रकार सूफ़ी रहस्यवादी ब्रह्म भाव में इतना तन्मय हो जाता है कि वह किसी वस्तु को देख ही नहीं पाता, यद्यपि वस्तुएँ विद्यमान रहती हैं।[67] अरबी के सिद्धान्तों में ब्रह्म के अतिरिक्त किसी भी वस्तु को सत्य न मानने के कारण रसूल का अस्तित्व भी अमान्य है, पर मुजद्दीद ने दृश्यगत एकता की बात कहकर तथा ब्रह्म से इतर अन्य अस्तित्वों को स्वीकार करके उसके सिद्धान्तों की इस्लामपरक व्याख्या की।

अब्दुल करीम अल जिली (मृत्यु 1406-1417 ई.) अरबी का अत्यन्त प्रतिभाशाली, प्रखर एवं योग्य मीमांसक था। उसने अरबी के ग्रन्थ 'फातूहात-ए-मक्किया' पर एक मीमांसा तथा 'इन्सानुलकामिल' पर अपनी एक स्वतन्त्र व्याख्या लिखी। उसके अनुसार एक ही शक्ति दो रूपों में रहती है : (1) पूर्ण या अव्यक्त, (2) सगुण या व्यक्त। संसार ईश्वर का प्रतिरूप अथवा अव्यक्त पूर्ण परमात्मा का वस्तुगत रूप है। मनुष्य पूर्णता की स्थिति में ब्रह्म का ही प्रतिरूप है।

जिली के अनुसार मनुष्य पाँच सीढ़ियों से उतरता हुआ अव्यक्त पूर्ण ब्रह्म से मनुष्यत्व को प्राप्त करता है। रहस्यात्मक ऊर्ध्वगमन द्वारा वह पुनः ईश्वरत्व तक पहुँचता है। इस आध्यात्मिक पूर्णता के लिए मनुष्य को चार अवस्थाओं को पार करना पड़ता है। प्रथम अवस्था में वह पूर्णतया परमात्मा के चरणों में आत्मसमर्पण कर देता है। द्वितीय अवस्था में वह परमात्मा के गुणों जात (तत्त्व), जलाल (सौन्दर्य), जमाल (वैभव) एवं कमाल (पूर्णता) पर ध्यान लगाता है। तृतीय अवस्था में उसमें परमात्मा के गुण प्रकट होते हैं और मनुष्य उससे तदाकार हो जाता है तथा उसमें अलौकिक शक्ति आ जाती है। उसे घण्टे की ध्वनि सुनायी पड़ती है, वह अपने शरीर से अपने को अलग अनुभव करता है और विद्युत् की कौंध एवं गड़गड़ाहट, प्रकाश की वर्षा करते हुए मेघ तथा अग्नि-ज्योतिधारी समुद्र उसे दिखायी पड़ता है। चतुर्थ स्थिति में वह नाम और गुण के लोक को पार कर जाता है और मूलतत्त्व में प्रवेश करता है। इस अवस्था में वह मानव-ब्रह्म या इन्सानुलकामिल हो जाता है।[68] पाँचवीं अवस्था में वह ब्रह्म से अभेद अनुभव करता है।

जिली की व्याख्या में इब्नुल अरबी से कुछ अन्तर था, किन्तु यह अन्तर शंकराचार्य और रामानुजाचार्य का-सा है। अरबी ने शंकर की भाँति और जिली ने रामानुज की भाँति ब्रह्म का प्रतिपादन किया। जिली को हिन्दू धर्म का ज्ञान भी था। उसने दस प्रधान धर्मों में ब्रहिमा (ब्राह्मण) की भी गणना की है।[69] इस धर्म के सम्बन्ध में वह कहता है कि इसमें रसूल के सन्दर्भ के बिना ही ब्रह्म के पूर्ण अव्यक्त रूप की उपासना होती है। इस धर्म के पाँच ग्रन्थों की चर्चा उसने की है। पाँचवें के बारे में उनका कहना है कि अपनी पूर्णता के कारण वह अनेक ब्रह्मणों के लिए भी दुरूह है। उसके अनुसार पाँचवीं पुस्तक इस्लाम के समान है। कदाचित् जिली द्वारा चर्चित प्रथम चार ग्रन्थ चार वेद हैं और पाँचवें से उसका तात्पर्य वेदान्त (उपनिषद्) से है।[70]

जिली द्वारा प्रतिपादित आध्यात्मिक ऊर्ध्वगमन के चार सोपान योग की अन्तिम चार स्थितियों से मिलते हैं—धारणा, ध्यान, समाधि और तुरीयावस्था। तृतीय सोपान में घण्टे आदि की ध्वनि का सुनना अनाहत नाद के समान ही है। इसी प्रकार चौथे सोपान पर जिस 'इन्सानुलकामिल' की स्थापना उसने की है वह भी भारतीय दर्शन के जीवन्मुक्त, स्थितप्रज्ञ या ब्राह्म स्थिति सम्पन्न पुरुष के लक्षणों से मिलती-जुलती है।

जिली के उपरान्त सूफ़ीमत में स्वतन्त्र चिन्तकों का अभाव दिखायी पड़ता है। 13वीं शताब्दी तक इस्लाम और सूफ़ीमत का विरोध समाप्त हो चुका था। सूफ़ीमत इस्लाम के अंग और उसके पोषक के रूप में स्वीकार कर लिया गया था। इस समय से लेकर लगभग ढाई सौ वर्षों तक ईरान के काव्य में सूफ़ी रहस्यवाद का प्रभाव रहा। अनेक कवियों ने काव्य की भावुकता में सूफ़ी सिद्धान्तों का चित्रण किया। सांसारिक प्रेम की भाषा में ईश्वरीय प्रेम को अभिव्यक्त करने की जो प्रणाली ईरान के कवियों ने प्रारम्भ की उसका प्रभाव प्रेम तत्त्व की दृष्टि से हिन्दी सूफ़ी काव्य पर पर्याप्त मात्रा में पड़ा। ईरान के इन सूफ़ी कवियों ने सूफ़ी चिन्तनधारा को आगे न बढ़ाकर, उसे एक लोकव्यापी स्वरूप प्रदान किया। इन कवियों में उमर खैय्याम, सनाई, निजामी, फ़रीदुद्दीन अत्तार, रूमी, शेखशादी, शब्सतरी, हाफिज और जामी प्रमुख हैं।

सन्दर्भ

1. अमीर अली : दि स्पिरिट आफ इस्लाम (भूमिका), पृष्ठ 18।
2. ताराचन्द : इन्फ्लुएन्स आफ इस्लाम आन इण्डियन कल्चर, पृष्ठ 51।
3. रामपूजन तिवारी : सूफ़ीमत–साधना और साहित्य, पृष्ठ 133।
4. निकोल्सन : ए लिटरेरी हिस्ट्री आफ दि अरब्स, पृष्ठ 210।
5. रामपूजन तिवारी : सूफ़ीमत–साधना और साहित्य, पृष्ठ 134।
6. डोजी का मत : ए लिटरेरी हिस्ट्री आफ दि अरब्स, पृष्ठ 214 पर उद्धृत।
7. अमीर अली : दि स्पिरिट आफ इस्लाम (पाद टिप्पणी), पृष्ठ 319।
8. वही, पृष्ठ 318।
9. ताराचन्द : इन्फ्लुएन्स आफ इस्लाम आन इण्डियन कल्चर, पृष्ठ 50।
10. वही, पृष्ठ 52।
11. रामपूजन तिवारी : सूफ़ीमत–साधना और साहित्य, पृष्ठ 145।
12. ताराचन्द : इन्फ्लुएन्स आफ इस्लाम आन इण्डियन कल्चर, पृष्ठ 52।
13. वही, पृष्ठ 52।
14. वही, पृष्ठ 58।
15. निकोल्सन : ए लिटरेरी हिस्ट्री आफ दी अरब्स, पृष्ठ 222-223।
16. अमीर अली : दि स्पिरिट आफ इस्लाम, पृष्ठ 414।
17. वही, पृष्ठ 418।
18. ताराचन्द : इन्फ्लुएन्स आफ इस्लाम आन इण्डियन कल्चर, पृष्ठ 55।
19. वही, पृष्ठ 55-56।
20. ब्राउन : लिटरेरी हिस्ट्री आफ परशिया, पृष्ठ 389।
21. रामपूजन तिवारी : सूफ़ीमत–साधना और साहित्य, पृष्ठ 183।
22. ब्राउन : लिटरेरी हिस्ट्री आफ परशिया, पृष्ठ 389।
23. सुलेमान नदवी : अरब और भारत के सम्बन्ध, पृष्ठ 40।
24. वही, पृष्ठ 54।
25. राधाकृष्णन : ऐन आइडियलिस्ट व्यू आफ लाइफ, पृष्ठ 130।

26. सुलेमान नदवी : अरब और भारत के सम्बन्ध, पृष्ठ 42।
27. ताराचन्द : इनफ्लुएन्स आफ इस्लाम आन इण्डियन कल्चर, पृष्ठ 65।
28. सुलेमान नदवी : अरब और भारत के सम्बन्ध, पृष्ठ 12।
29. वही, पृष्ठ 104।
30. वही, पृष्ठ 1।
31. वही, पृष्ठ 3।
32. वही, पृष्ठ 61।
33. अमीर अली : दि स्पिरिट आफ इस्लाम, पृष्ठ 16।
34. चन्द्रबली पाण्डे : तसव्वुफ़ अथवा सूफ़ीमत, पृष्ठ 236।
35. वही, पृष्ठ 236।
36. ताराचन्द : इन्फ्लुएन्स आफ इस्लाम आन इण्डियन कल्चर, पृष्ठ 66।
37. फिरोज सी. दवर : इण्डिया ऐण्ड ईरान थ्रू एजेज, पृष्ठ 189।
38. ताराचन्द : इन्फ्लुएन्स आफ इस्लाम आन इण्डियन कल्चर, पृष्ठ 69।
39. वही, पृष्ठ 69।
40. जान ए सुभान : सूफ़ीज्म, इट्स सेण्ट्स एण्ड साइन्स, पृष्ठ 7।
41. जुबैद अहमद : दि काण्ट्रीब्यूशन आफ इण्डिया टू अरबिक लिटरेचर, पृष्ठ 70।
42. फिरोज सी. दवर : इण्डिया एण्ड ईरान थ्रू ऐजेज, पृष्ठ 189।
43. श्रीमद्‌भगवद्‌गीता, 2।57।
44. चन्द्रबली पाण्डे : तसव्वुफ़ अथवा सूफ़ीमत, पृष्ठ 44-45।
45. जान ए सुभान : सूफ़ीज़्म, इट्स सेण्ट्स एण्ड साइन्स, पृष्ठ 7।
46. चन्द्रबली पाण्डे : तसव्वुफ़ अथवा सूफ़ीमत, पृष्ठ 49।
47. रामपूजन तिवारी : सूफ़ीमत-साधना और साहित्य, पृष्ठ 226। (ज्ञान की तीन सीढ़ियाँ मानी जाती हैं। प्रथम सीढ़ी का साधक सालिक, द्वितीय का वली और तृतीय का कुत्ब कहा जाता है।)
48. चन्द्रबली पाण्डे : तसव्वुफ़ अथवा सूफ़ीमत, पृष्ठ 51।
49. रामपूजन तिवारी : सूफ़ीमत–साधना और साहित्य, पृष्ठ 233।
50. चन्द्रबली पाण्डे : तसव्वुफ़ अथवा सूफ़ीमत, पृष्ठ 52।
51. ब्राउन : ए लिटरेरी हिस्ट्री आफ परशिया भाग 1, पृष्ठ 431।
52. ए. एम. ए. शुस्त्री : आइटलाइन आफ इस्लामिक कल्चर, पृष्ठ 352।
53. निकोल्सन : दि आइडिया आफ परसनालटी इन सूफीज्म, पृष्ठ 29।
54. वही, पृष्ठ 30।
55. ताराचन्द : इनफ्लुएन्स आफ इस्लाम आन इण्डियन कल्चर, पृष्ठ 70-72
56. निकोल्सन : दि आइडिया आफ परसनाल्टी इन सूफ़ीज़्म कल्चर, पृष्ठ 30।
57. चन्द्रबली पाण्डे : तसव्वुफ़ अथवा सूफ़ीमत, पृष्ठ 54।
58. निकोल्सन : दि आइडिया आफ परसनाल्टी इन सूफ़ीज़्म, पृष्ठ 25।
59. श्याम मनोहर पाण्डेय : मध्ययुगीन प्रेमाख्यान, पृष्ठ 6।
60. यूसुफ़ हुसेन : ग्लिम्पसेज आफ मेडिवल इण्डियन कल्चर, पृष्ठ 50।

61. वही, पृष्ठ 50।
62. तर्जुमात अल-अशवाक, ताराचन्द : इनफ्लुएन्स आफ इस्लाम आन इण्डियन कल्चर, पृष्ठ 74 पर उद्धृत।
63. यूसुफ़ हुसेन : ग्लिम्पसेज आफ मेडिवल इण्डियन कल्चर, पृष्ठ 57।
64. तर्जुमात-अल-अशवाक, ताराचन्द : इनफ्लुएन्स आफ इस्लाम आन इण्डियन कल्चर, पृष्ठ 74 पर उद्धृत।
65. रोम लैण्डाऊ : दि फिलासिफी आफ इब्नुल अरबी, पृष्ठ 23।
66. यूसुफ हुसेन : ग्लिम्पसेज आफ मेडिवल इण्डियन कल्चर, पृष्ठ 57।
67. वही, पृष्ठ 58।
68. बुरहान अहमद फारूकी : मुजद्दिदस कन्सप्शन आफ तौहीद, पृष्ठ 102-103।
69. ताराचन्द : इनफ्लुएन्स आफ इस्लाम आन इण्डियन कल्चर, पृष्ठ 77।
70. निकोल्सन : स्टडीज इन इस्लामिक मिस्टीसिज़्म, पृष्ठ 132-133।

2
सूफ़ीमत

इस्लाम धर्म के अन्तर्गत उद्‌भूत आत्मचिन्तन एवं अनुभूतिप्रधान विशिष्ट दार्शनिक मतवाद को 'सूफ़ीमत' कहा जाता है। इस मत के माननेवाले को सूफ़ी तथा उनके दर्शन को 'तसव्वुफ़' कहते हैं। हज़रत मुहम्मद के उपरान्त इस्लाम धर्म ने अनेक सम्प्रदायों और उपसम्प्रदायों का अनुगमन किया। उनकी पारस्परिक क्रिया-प्रतिक्रिया, हिंसा, विद्वेष तथा धर्म के बाह्याडम्बर तक के अनुसरण में ही उनकी प्रवृत्ति ने इस्लाम के इन वैराग्यपूर्ण, आत्मचिन्तनप्रधान एवं उदारचेता संन्यासियों की शृंखला को जन्म दिया। आरम्भ में यह कोई मतवाद या सम्प्रदाय न होकर एक ऐसी जीवन-विधि के रूप में विकसित हुआ, जिसे सभी इस्लाम धर्मानुयायी आदर की दृष्टि से देखते थे। आगे चलकर सूफ़ीमत ने इस्लाम के दर्शन शून्य पक्ष की पूर्ति में योगदान दिया। अन्य दर्शनों के श्रेष्ठ तत्त्वों को अपने अन्दर समाहित करके तथा सर्वेश्वरवाद की भावना का आधार ग्रहण करके इसने इस्लाम को अन्य धर्मों से अविरोधी तथा विश्वजनीन बनाने का प्रयास किया।

व्युत्पत्ति

सूफ़ी शब्द की व्युत्पत्ति के सम्बन्ध में अनेक मत प्रकट किये जाते हैं। एक मत के अनुसार पैग़म्बर हज़रत मुहम्मद के द्वारा निर्मित करायी गयी मदीना की मस्जिद के सामने एक चबूतरा था जिसे 'सुफ़्फ़ा' कहते थे। इस पर आकर बैठनेवाले कुछ पवित्र जीवनवाले तथा ख़ुदा की इबादत में लीन रहनेवाले मुहम्मद के समसामयिक व्यक्तियों को 'अह्ल-अल-सुफ़्फ़ाह' कहा जाता था। इसी 'सुफ़्फ़ा' या सुफ़्फ़ाह' शब्द से सूफ़ी शब्द बना। इसके प्रतिकूल कुछ अन्य लोग ग्रीक शब्द 'सोफ़िया' 'सोफ़िस्ता' या 'सोफ़ी' से इस शब्द का निष्पन्न होना मानते हैं। कुछ 'बनू सूफा' नामक अरब की एक भ्रमणशील जाति से इसका शाब्दिक सम्बन्ध जोड़ते हैं।

अधिकांश सूफ़ी विचारकों ने 'सूफ़ी' शब्द को 'सफ़ा' से निष्पन्न माना है। ईरान के प्रसिद्ध सूफ़ी कवि फ़रीदुद्दीन अत्तार ने अपने ग्रन्थ 'तजकिरातुल औलिया' में सूफ़ीमत की सत्तर परिभाषाओं का उल्लेख किया है जिनमें तेरह परिभाषाओं में 'सफ़ा' शब्द का प्रयोग मिलता है। 'कश्फुल महजूब' के योग्य लेखक अलहुज्वेरी ने 'सूफ़ी' शब्द को 'सफ़ा' से ही बना हुआ माना है। 'सफ़ा' शब्द का अर्थ 'पवित्रता' है। इस मत के अनुसार पवित्र जीवन व्यतीत करनेवाले महात्माओं की भावात्मक आधार पर

'सूफ़ी' संज्ञा हुई। इस्लामी विचारकों के अतिरिक्त निकोल्सन आदि कुछ यूरोपीय लेखकों ने भी इस मत का समर्थन किया है। 'सूफ़ी' शब्द के इस सम्बन्ध-स्थापन में उनकी श्रेष्ठता का प्रभाव मिलता है। अतः अधिकांश सूफ़ी विचारकों ने इसे मान्यता प्रदान की और उन्हीं के बहुमत को देखते हुए यूरोपीय लेखकों ने भी उनकी पथसरणि का अनुगमन किया। कुछ लोग इसका सम्बन्ध 'सफ़' शब्द से जोड़ते हैं। 'सफ़' का अर्थ है पंक्ति। इसी से 'सफ़्फ़े अव्वल' बनता है जिसका अर्थ है सबसे आगे की पंक्ति। इस मत के अनुसार सूफ़ी परमात्मा के सबसे प्रिय पात्र होने के कारण क़यामत के दिन सबसे आगे की पंक्ति में खड़े होंगे। यह मत भी श्रेष्ठता प्रतिपादक तथा परवर्ती प्रतीत होता है।

अबू नस्र अल सर्राज ने अरबी भाषा में लिखित अपने अतिप्राचीन सूफ़ी व्याख्या-ग्रन्थ 'किताब अल-लुमा' में बताया है कि सूफ़ी शब्द अरबी भाषा के 'सूफ़' शब्द से निकला है जिसका अर्थ ऊन होता है। इस मत का प्रतिपादन करते हुए उसने लिखा है कि विभिन्न हदीसों तथा अन्य उल्लेखों से इस बात का पता चलता है कि ऊन के वस्त्र पैग़म्बर, सन्त और साधक धारण करते आये हैं। इस्लाम के प्रवर्तन से लेकर दो शताब्दियों तक ऊनी वस्त्रों का व्यवहार प्रचलित था। साधु जीवन बितानेवाले संन्यासी इसका विशेष रूप से प्रयोग करते थे। अबू बक्र अल कलाबाधी तथा इब्न खल्दून 'सूफ़' (ऊन) से ही इस शब्द की व्युत्पत्ति मानते हैं। ब्राउन ने भी इसी मत का प्रतिपादन करते हुए लिखा है कि ईरान में इन रहस्यवादी साधकों को 'पश्मीना पूश' (ऊनी वस्त्र पहननेवाला) कहा जाता था। उन्होंने मासूदी का उद्धरण देते हुए बताया है कि प्रारम्भ से ही ऊनी वस्त्र त्याग, सादगी तथा पवित्रता का प्रतीक माना जाता रहा। इसके धारण करने पर हज़रत मुहम्मद तथा उनके प्रथम चार ख़लीफ़ाओं ने भी ज़ोर दिया है। सूफ़ियों ने त्याग, सादगी और विरक्ति को आधार बनाकर श्वेत ऊन का चोंगा धारण करना प्रारम्भ किया था। अतः उनकी इस बाह्य वेशभूषा के आधार पर, जिसमें आन्तरिक त्याग और शुचिता का संकेत निहित था, इन्हें सूफ़ी कहा जाने लगा होगा, इस बात की पूरी सम्भावना है। सम्प्रदायों के नामकरण में प्रारम्भिक बाह्य लक्षण सम्बन्धी शब्दों को आधार बनाने की परम्परा सभी देशों में मिलती है। बाद में जब वे सम्प्रदाय विशेष ख्याति प्राप्त कर लेते हैं तो उनके सीधे-सादे नामकरण में से भी खींचतान करके उत्तमोत्तम अर्थ निकालने की दौड़ आचार्यगण लगाते ही हैं।

'सूफ़ी' शब्द की 'सूफ़' से निष्पत्ति होने की सम्भावना ऐतिहासिक सन्दर्भ से तो प्रतीत होती ही है, भाषाशास्त्र की दृष्टि से भी 'सूफ़' से 'सूफ़ी' बनना सर्वाधिक सम्भव है। 'सफ़ा' से 'सफ़ी', 'सोफ़िया' से 'सोफ़ी', सुफ़्फ़ाह' से 'सुफ़्फ़ी, 'सफ़' से 'सफ़ी' आदि शब्द बनना सीधा और सरल है, 'सूफ़ी' नहीं। अतः हम इस निष्कर्ष पर पहुँचते हैं कि 'सूफ़ी' की व्युत्पत्ति 'सूफ़' (ऊन) शब्द से ही सर्वाधिक सम्भव प्रतीत होती है।

परिभाषा

'सूफ़ी' शब्द की व्युत्पत्तिमूलक व्याख्या के उपरान्त उसके सम्बन्ध में मिलनेवाली उन परिभाषाओं पर विचार करना समीचीन होगा जिनमें सूफ़ियों के सामान्य लक्षण व गुणों का उल्लेख प्राप्त होता है। इस प्रकार की बहुत-सी परिभाषाएँ मिलती हैं। इनके सम्बन्ध में डॉ. रामपूजन तिवारी ने लिखा है कि सूफ़ी शब्द की जितनी परिभाषाएँ उपलब्ध हैं उनके आधार पर सूफ़ियों में पाये जानेवाले गुणों की अगर तालिका बनायी जाये तो वह कम लम्बी-चौड़ी नहीं होगी। लेकिन नाना गुणों से सूफ़ियों को विभूषित करने की चेष्टा से इतना तो अवश्य पता चल जाता है कि लोगों में साधारणतः उनके प्रति एक सम्मान का भाव था। (सूफ़ीमत—साधना और साहित्य, पृ. 167)।

निकोल्सन के अनुसार मारूफ़ अल करखी की यह परिभाषा कि 'परमात्मा सम्बन्धी सत्यज्ञान तथा सांसारिक वस्तुओं से विरक्ति' ही सूफ़ी धर्म है। जुनैद के अनुसार, 'अपने निजी स्वार्थ को त्यागकर एकमात्र परमात्मा के लिए जीना ही सच्चे सूफ़ी का लक्षण है। 'अली कुजवीनी के अनुसार 'सूफ़ीमत सुन्दर व्यवहार' तथा सालूकी के अनुसार 'विधि-निषेधों से बचना' ही है। अबू सईद फ़ज़लुल्ला ने 'एकाग्र चित्त से परमात्मा का ध्यान करने को सूफ़ीमत' कहा है तथा अबू बक्र शिबली ने 'परमात्मा के अतिरिक्त अन्य किसी ओर ध्यान न जाने देने को सूफ़ीमत की विशेषता कहा है।' (सूफ़ीमत-साधना और साहित्य, पृ. 168)।

इन समस्त तथा अन्य भी बहुत-सी परिभाषाओं में सूफ़ी के लिए त्याग तथा वैराग्यपूर्ण जीवन, आचार व्यवहारगत पवित्रता तथा एकनिष्ठ भाव से परमात्मा का ध्यान, आवश्यक बताया गया है। इससे यह प्रकट होता है कि प्रारम्भ में वैराग्यपूर्ण जीवन बितानेवाले सन्तों के एकनिष्ठ भाव से परमात्मा के प्रेम में तल्लीन रहने में इस मत का अंकुर फूटा। प्रारम्भिक सूफ़ी साधकों में इब्राहीम बिन अधम, फुजायल बिन अयाज तथा प्रसिद्ध सूफ़ी साधिका राबिया अल अदाबिया के जीवन इसी बात को प्रमाणित करते हैं। इनके जीवन में 'सूफ़ी' के लिए आवश्यक बताये हुए सभी गुण विद्यमान मिलते हैं, यद्यपि इनके समय तक सूफ़ीमत न एक संगठित सम्प्रदाय का रूप ग्रहण कर सका था और न ही उसके दार्शनिक चिन्तन की रेखाएँ ही स्पष्ट हुई थीं। साथ ही यह शब्द भी उस समय नहीं प्रयोग में आया था।

सूफ़ी दर्शन (तसव्वुफ़)

सूफ़ीमत मूलतः क़ुरान से ही निःसृत एवं विकसित है। क़ुरान की ईश्वर, जीव और जगत् सम्बन्धी मान्यताओं को स्वीकार करते हुए विभिन्न सूफ़ी चिन्तकों ने उनकी मौलिक व्याख्याएँ प्रस्तुत कीं जो कालान्तर में क़ुरान की मूल भावना से भिन्न और प्रतिकूल भी प्रतीत होने लगीं।

ब्रह्म

क़ुरान में परमात्मा (अल्लाह) सारे संसार का कर्त्ता, पालक और संहार करनेवाला कहा गया है। वह परमात्मा एक है। वह सर्वशक्तिमान्, सर्वज्ञ, ऐश्वर्यवान् और अलौकिक

गुणों से सम्पन्न है। उसके जात (सत्ता) और सिफ़त (गुण) अपरिवर्तनशील हैं। अल्लाह और मनुष्य का सम्बन्ध एक निरंकुश स्वामी और दास का सम्बन्ध माना जाता है। क़ुरान में अभिव्यक्त ईश्वर सम्बन्धी इस भावना का प्रतिपादन सूफ़ी चिन्तकों ने विभिन्न प्रकार से किया है, पर जहाँ तक उसमें प्रतिपादित एकेश्वरवाद की मान्यता का प्रश्न है, उसे सभी ने ग्रहण किया।

ब्रह्म और जगत्

सूफ़ी चिन्तकों की रहस्य-भावना ने उन्हें ईश्वर और जगत् के सम्बन्ध में ऐसे सादृश्य सम्बन्धों का आभास दिया जिससे जगत् के नानात्व में उसी एक परमेश्वर की छवि झलकती हुई दीख पड़ी। सम्पूर्ण सृष्टि उसी अल्लाह का जलवा प्रतीत होने लगी। सर्वात्मवाद की इस भावना को सूफ़ी चिन्तकों ने प्रतिबिम्बवाद तथा अंशांशी भाव से अभिव्यक्त किया है। इब्नुल अरबी के मत को उद्धृत करते हुए एम.एम. शरीफ़ ने लिखा है, 'वह एक ही अपने को अनेक रूपों में अभिव्यक्त करता है। उसी प्रकार जैसे कोई वस्तु विभिन्न दर्पणों में अभिव्यक्त होती है, प्रत्येक दर्पण अपनी प्रकृति और क्षमता के अनुसार उस पदार्थ को प्रतिबिम्ब रूप में अभिव्यक्त करता है। वह एक प्रकाशपुंज की भाँति है जिससे असंख्य प्रकाश की किरणें फूटती हैं अथवा वह उस शक्तिमान् समुद्र के समान है जिसकी सतह पर असंख्य उर्मियाँ प्रकट और लीन हुआ करती हैं। (हिस्ट्री आफ मुस्लिम फिलासिफ़ी, पृ. 413)। सूफ़ी कवि जलालुद्दीन रूमी ने इस प्रतिबिम्ब भाव को प्रकट करते हुए कहा है कि 'यह संसार ईश्वर का विशुद्ध और स्वच्छ दर्पण है जिसे वे आँखें देख पाती हैं जो अपने अभ्यन्तर बादलों से मुक्त हो जाती हैं।'

सूफ़ियों की ये सर्वात्मवादी भावनाएँ धीरे-धीरे विकसित होकर ईश्वर और जीव के सम्बन्ध में अद्वैत भावना की अभिव्यक्ति तक पहुँच गयीं। परम्परित इस्लाम भावना के अन्तर्गत 'मैं ब्रह्म हूँ' की भावना को स्थान नहीं था, क्योंकि वहाँ ईश्वर और जीव की अलग-अलग सत्ताएँ मानी गयी हैं। सूफ़ियों ने अपने चिन्तन में इस ब्रह्मवादी विचार का समावेश किया। बायजीद विस्तामी ने कहा—'तकून अन्तजाक' अर्थात् 'वह तू ही हैं।' इस पर 'तत्त्वमसि' की विचारधारा की छाप दीख पड़ती है। मंसूर हल्लाज का प्रसिद्ध वाक्य 'अनलहक़', 'मैं ही सत्य ब्रह्म हूँ' हिन्दू दर्शन के 'अहं ब्रह्मास्मि' का अनुवाद प्रतीत होता है। उन्होंने अपनी पुस्तक 'किताबुल तवासीन' में लिखा है कि ''मैं वह (ख़ुदा) हूँ जिसे मैं प्रेम करता हूँ और वह खुदा है जिसे मैं प्रेम करता हूँ। हम लोग दो आत्माएँ एक शरीर में हैं। यदि तुम मुझे देखते हो तो उसे देखते हो और यदि तुम उसे देखते हो तो हम दोनों को देखते हो।'' (आइडिया आफ पर्सनाल्टी इन सूफ़ीज्म—निकोल्सन, पृ. 30)।

इन अद्वैती विचारों का प्रतिपादन प्रसिद्ध सूफ़ी चिन्तक इब्नुल अरबी ने विस्तार से किया। उसने सम्पूर्ण सृष्टि में ईश्वर का दर्शन किया और सर्वात्मवाद का प्रचार किया। उसने कहा कि 'ऐ परमेश्वर, तूने सम्पूर्ण वस्तुओं को अपने-आप में निर्मित किया। तुम जिसकी सृष्टि करते हो, उसमें संश्लिष्ट हो। तुम जिसकी रचना करते हो, वह तुम में

शाश्वत है, क्योंकि तुम सूक्ष्म और अन्तर्व्यापी हो।' उसने अपने ग्रन्थ कुसुसुल हिकम में लिखा कि 'यदि कोई ऐसा व्यक्ति जिसमें सत्य का प्रकाश हो, किसी वस्तु का प्रकाश देखे, जिसे उसने पहले न देखा हो, तो वह वस्तु उसी का दर्पण है और कुछ नहीं। अपनी आत्मा के वृक्ष से वह अपने ही ज्ञान का फल एकत्र करता है। ठीक उसी प्रकार जैसे व्यक्ति को दर्पण में अपना प्रतिबिम्ब दिखायी पड़ता है जो उससे पृथक् नहीं है।' (हिस्ट्री आफ मुस्लिम फिलासिफी : एम. एम. शरीफ़, पृ. 400, 404)।

इन विचारों के परिणामस्वरूप सूफ़ियों के दो विचार मिलते हैं। एक 'वहदतुल वजूद' में और दूसरा 'वहदतुल शहूद' में विश्वास प्रकट करता है। 'वहदतुल वजूद' का तात्पर्य है अस्तित्व की एकता अर्थात् एक ईश्वर का ही अस्तित्व है, अन्य किसी का नहीं। अतः उसके अतिरिक्त अन्य अस्तित्व उसके प्रतिबिम्ब हैं जो उससे भिन्न नहीं कहे जा सकते। अपने इन सिद्धान्तों के प्रतिपादन में सूफ़ियों ने क़ुरान और हदीसों का सहारा लिया। इसके प्रतिकूल 'वहदतुल-शहूद' के प्रतिपादक ईश्वर को एकमात्र सत्य मानते हैं। सृष्टि, उनके अनुसार प्रतिबिम्ब या आभास मात्र है। सृष्टि और ब्रह्म का अंशांशी सम्बन्ध न होकर बिम्ब-प्रतिबिम्ब भाव का सम्बन्ध ही है। छाया में उस परम सत्य का आभास अवश्य मिलता है पर छाया को ही सत्य नहीं माना जा सकता। इस मत के माननेवालों ने मंसूर हल्लाज आदि के 'अनलहक़' जैसे कथनों के सम्बन्ध में बताया कि उनके ये कथन 'हाल' की दशा (भावाविष्टावस्था) के हैं जिस अवस्था में साधक को एक ब्रह्म के अतिरिक्त कुछ भी दिखायी नहीं पड़ता। वह अपने अस्तित्व को भूल जाता है। इसी आत्मविस्मृत दशा में वह अपने को तथा सम्पूर्ण जगत् को ब्रह्म के रूप में देखता है।

उपर्युक्त दोनों ही विचारधाराएँ अपने को इस्लामी 'तौहीद' (एकेश्वरवाद) का प्रतिपादक बताती हैं। 'तौहीद' की मूलभावना यह है कि ईश्वर एक है, पर सूफ़ी चिन्तकों ने इस विचार को एक डग आगे बढ़ाकर यह प्रतिपादित किया कि एक ईश्वर ही है अन्य कोई नहीं। सूफ़ी विचारकों में एक विचारप्रवाह बायजीद विस्तामी, मंसूर हल्लाज आदि का दीख पड़ता है जिसके मुख्य प्रतिपादक इब्नुल अरबी तथा अब्दुल करीम अल जिली हुए जिन्होंने इस्लाम दर्शन को भारतीय अद्वैतवाद की पीठिका पर अवस्थित करने का प्रयास किया। इसके प्रतिकूल दूसरा प्रवाह उन विचारकों का है जो मूल इस्लाम और तौहीद के दायरे के भीतर ही सूफ़ी दर्शन को समेटने का प्रयास करते हैं। दूसरे मत का प्रसिद्ध मीमांसक अल गज़ाली है।

आत्मा

सूफ़ियों ने ईश्वर के साथ ही आत्मा के सम्बन्ध में भी विचार किया है। इस्लामी सृष्टि-प्रक्रिया के अनुसार परमात्मा ने अपनी इच्छा से ही सृष्टि का निर्माण किया। उसके मुख से 'कुन' (हो जा) शब्द निकलने से सृष्टि निर्मित हो गयी, सबसे पहले उसने 'मुहम्मदीय आलोक' (नुरुल मुहम्मदिया) का निर्माण किया। इसी से चार तत्त्व (अग्नि, हवा, जल और पृथ्वी), स्वर्ग, आकाश तारा आदि का निर्माण हुआ। इसी से आदम, पैगम्बर तथा सभी जीव बने। सूफ़ियों के अनुसार आत्मा, परमात्मा में लौट जाने के लिए अनजाने उत्सुक रहती है, क्योंकि वही उसका मूल उद्गम है।

सूफ़ी आत्मा के दो भेद मानते हैं—नफ़्स और रूह। 'नफ़्स' निम्नकोटि का माना जाता है जो कुप्रवृत्तियों का स्थल होता है तथा भावों के आवेग से परिचालित होता है। 'रूह' सद्प्रवृत्तियों का उद्गम स्थल है और यह विवेक द्वारा परिचालित होता है। 'रूह' के भी तीन भाग माने जाते हैं—कल्ब या दिल, रूह या जान तथा सिर्र या अन्तःकरण। इसमें अन्तिम 'सिर्र' ही रूह का सबसे भीतरी भाग है जहाँ पाप का प्रवेश नहीं हो पाता है। ध्यातव्य है कि भारतीय दर्शन में भी अन्तःकरण के चार भेद किये जाते हैं—मन, बुद्धि, चित्त और अहंकार। पर इन दोनों में अन्तर है।

नफ़्स मनुष्य को अधःपतित करने का प्रयास करता है। उसके कारण ही आत्मा में दुर्गुण और दोषों का निर्माण होता है। वह आत्मा को नरक की ओर ले जाता है। इसके प्रतिकूल रूह नफ़्स पर नियन्त्रण प्राप्त करने का प्रयास करती है। उसके द्वारा नफ़्स द्वारा आत्मा में लगाये कलुष दूर किये जा सकते हैं। इस प्रकार सूफ़ी नफ़्स पर नियन्त्रण करके रूह को परमात्मा की ओर उन्मुख करने का प्रयास करते हैं। इसके लिए सूफ़ियों ने विभिन्न साधनाओं का विधान किया है क्योंकि परमात्मा का प्रेम रूह का विषय है, नफ़्स का नहीं।

सूफ़ी सन्तों ने नफ़्स का विभिन्न जीवों की आकृतियों में वर्णन किया है। एक दरवेश ने अपने नफ़्स को चूहे के रूप में देखा जो सतर्क न रहने पर विनाश करनेवाला कहा गया है पर परमात्मा से प्रेम करनेवालों का तो वह उसी प्रकार मुक्तिदाता है जैसे जाल में फँसे हुए व्यक्ति के जाल को काटकर चूहा उसे मुक्ति प्रदान कर सकता है। शेख़ अब्दुल कासिम गुरगानी ने अपने नफ़्स को साँप के रूप में देखा। अब्दुल अब्बास शकानी ने उसे पीले कुत्ते के रूप में तथा मुहम्मद बिन उलवान ने लोमड़ी के रूप में देखा। मर्ब के शेख़ अबूअली सिपाह ने उसे अपने ही रूप जैसा देखा। किसी ने उसके बाल शेख़ के हाथ में पकड़ा दिये और शेख़ ने उसे पेड़ में बाँधा। जब शेख़ उसे नष्ट करने जा रहा था तब उसने कहा कि वह लश्करे खुदायम (परमात्मा की सेना) है। उसे विनष्ट नहीं किया जा सकता। सूफ़ीमत—साधना और साहित्य—रामपूजन तिवारी, पृ. 288।

उपरिनिर्दिष्ट कथाएँ नफ़्स को विभिन्न विनाशकारी जीवों के प्रतीक द्वारा अभिव्यक्त करती हैं और इस बात का संकेत करती हैं कि नफ़्स को शरीर से निकालकर ही रूह परमात्मा की ओर उन्मुख हो सकती है। इन्हीं दार्शनिक विचारों पर सूफ़ी साधना का महल खड़ा हुआ है। इनकी साधना का मूल्य उद्देश्य परमात्मा का प्रेम और उससे तादात्म्य है। इस अवस्था को प्राप्त करने के लिए पर्याप्त साधना की आवश्यकता होती है। अपनी साधना की विभिन्न सीढ़ियों पर अग्रसर होता हुआ सूफ़ी साधक नफ़्स पर विजय प्राप्त करता है और रूह के सहारे परमात्मा के प्रेम में इतना तन्मय हो जाता है कि उसे परमात्मा के अतिरिक्त अन्य कुछ दीखता ही नहीं।

•

3

सूफ़ी साधना-मार्ग

सूफ़ी आत्मा के दो स्तर मानते हैं—नफ़्स और रूह। 'नफ़्स' निम्न स्तर है, जिसमें सांसारिक कुप्रवृत्तियों का स्थान रहता है। इसके ऊपर के स्तर पर 'रूह' है, जो उच्च भाव और सद्वृत्तियों का प्रेरणास्थल है। ये दोनों ही स्तर प्रत्येक मनुष्य में विद्यमान रहते हैं। नफ़्स मनुष्य को उसके परमलक्ष्य-परमात्मा से प्रेम और मिलन से भटकाता रहता है और उसे कुप्रवृत्तियों में लगाता रहता है। अतः साधक विहित मार्ग के विधि-निषेधों द्वारा नफ़्स को नियन्त्रित करके रूह में रमण करने की चेष्टा करता है। रूह के भी तीन स्तर माने गये हैं—कल्ब, रूह और सिर्र। कल्ब उपनिषदों में वर्णित हृदय है।[1] सूफ़ी इसे भौतिक पदार्थ नहीं मानते, क्योंकि उस पर अल्लाह का प्रतिबिम्ब पड़ता है। रूह को हम सामान्यतः आत्मा कह सकते हैं जो परमात्मा की धुन में लीन रहता है।[2] कल्ब के भीतर एक सूक्ष्मतम तत्त्व होता है जिसे सिर्र कहा जाता है। यह परमात्मा की कृपा से प्राप्त होता है और उसी से उसका साक्षात्कार होता है।[3]

सूफ़ी का लक्ष्य परमात्मा का प्रेम और तादात्म्य है, पर नफ़्स इस लक्ष्य में अनेक बाधाएँ उपस्थित करता है। वैसे ही जैसे भारतीय साधना में माया जीव को ब्रह्म के मार्ग में बाधाएँ उपस्थित करती हैं। अतः इस नफ़्स अथवा माया को अपने वश में करने के लिए कुछ साधन और साधना की अपेक्षा होती है। सूफ़ी साधना का लक्ष्य उस परम लक्ष्य की ओर अग्रसर होना है जो जीव और शिव (अल्लाह) में एकात्म स्थापित करता है।

चार अवस्थाएँ

सूफ़ी अपनी साधना को एक यात्रा (सफ़र) मानते हैं। इस मार्ग में उसे चार अवस्थाओं से गुज़रना पड़ता है और वह चार लोकों में होकर अग्रसर होता है। चार अवस्थाएँ हैं—(1) शरीअत (2) तरीक़त (3) मारिफ़त (4) हक़ीक़त।

शरीअत

सभी इस्लाम धर्मानुयायियों के लिए शरअ (क़ुरान के नियम) के अनुसार आचरण अपेक्षित होता है। सूफ़ी के लिए भी प्रारम्भ में इन नियमों का पाबन्द होना आवश्यक होता है, यद्यपि मुसलमान के लिए शरीअत ही लक्ष्य है और सूफ़ी इसके द्वारा आत्म-नियन्त्रण करके आगे अग्रसर होता है। इस अवस्था में सूफ़ी साधक 'मोमिन' कहलाता है।

हज़रत मुहम्मद पैग़म्बर ने क़ुरान में इस्लाम की परिभाषा में तौहीद (एकेश्वरवाद) के अतिरिक्त सलात, ज़कात, सौम और हज़्ज़ को अनिवार्य बनाया। इसमें तौहीद तो लक्ष्य और अन्य चार उसके साधन प्रतीत होते हैं। इन साधनों के द्वारा अन्तःकरण का परिष्कार करके ही तौहीद को हृदयंगम किया जा सकता है। अतः सूफ़ी भी आत्म-परिष्कार के इन साधनों को अंगीकार करता है। ये साधन इस प्रकार हैं–

(क) सलात (नमाज़ या उपासना)–नमाज़ दिन में पाँच बार पढ़ने का विधान है–फ़जर (प्रातः) की नमाज़, जुहर (दोपहर) की नमाज़, असर (तीसरे पहर) की नमाज़, मग़रिब (पश्चिम या सूर्यास्त) की नमाज़ और ईशा (सोने के समय) की नमाज़। यह पाँच नमाज़ प्रत्येक मुसलमान के कर्त्तव्य में आती है। सूफ़ी साधक मोमिन की अवस्था में उसका पाबन्द होता है। उपासना किसी-न-किसी रूप में सभी धर्मों में विहित है और इससे अहंकार का विनाश होता है।

(ख) ज़कात (दान)–प्रत्येक मुसलमान को अपनी कमाई का एक निश्चित अंश दान करना चाहिए। यह दान दीन-हीन-यतीम लोगों को, धार्मिक कार्यों में तथा धर्म कार्य सम्पादन हेतु शासक को किया जाना चाहिए। दान आत्मशुद्धि का एक ऐसा प्रकार है जो सभी धर्मों में स्वीकार है। इसके द्वारा स्वार्थ-वृत्ति का संकुचन होता है और व्यक्ति का हृदय व्यापक बनता है।

(ग) सौम या रोज़ा (उपवास)–मुसलमानों में रमजान का महीना बड़ा पवित्र माना जाता है, इसी महीने में हज़रत मुहम्मद पर क़ुरान नाज़िल हुई थी। अतः इस पूरे महीने को स्वाध्याय, संयम और त्याग के साथ बिताने का विधान है। सूर्योदय से सूर्यास्त तक उपवास रखकर इबादत, क़ुरान का पाठ और यथाशक्ति दान का इसमें विधान है। ये विधियाँ अन्य धर्मों में भी आत्म-परिष्कार के साधन के रूप में न्यूनाधिक अन्तर से बतायी गयी हैं।

(घ) हज़्ज़ (तीर्थयात्रा)–प्रत्येक मुसलमान के कर्त्तव्य में यह भी विधान है कि वह जीवन में एक बार मक्का शरीफ़ की यात्रा करे और काबा की प्रदक्षिणा करे। इस प्रकार तीर्थयात्रा का विधान सभी धर्मों में है। पर इस हज़्ज़ के प्रकरण में काबे की प्रदक्षिणा में एक संग-ए-असवद (काले पत्थर) के चुम्बन का विधान तथा पैग़म्बर की समाधि की जियारत ने आगे चलकर सूफ़ियों में पीर-परस्ती और पीर की मज़ार की जियारत एवं प्रदक्षिणा के प्रचलन को प्रश्रय दिया। अजमेर शरीफ़ (मोइनुद्दीन चिश्ती की मज़ार), निज़ामुद्दीन शरीफ़ (निज़ामुद्दीन औलिया की मज़ार), किछौछे शरीफ़ (सैय्यद असरफ जहाँगीर की मज़ार) आदि की यात्राएँ स्थानीय स्तर पर छोटे हज़्ज़ के समान हो गयी हैं।

उपर्युक्त चतुष्पादों पर शरीअत का भवन खड़ा होता है। यह कर्मकाण्ड का क्षेत्र है। इस कर्मकाण्ड के उपर्युक्त चार साधन-चतुष्ट्य हैं। इनके अवलम्बन द्वारा मोमिन संयम, त्याग, एकाग्रता आदि को धारण कर अगली अवस्था में पहुँचने की तैयारी करता है।

तरीक़त

शरीअत के पश्चात् दूसरी अवस्था तरीक़त की होती है। इस अवस्था में सूफ़ी यात्री 'सालिक' कहा जाता है। वास्तव में यहीं से असली यात्रा का प्रारम्भ होता है। सालिक का अर्थ ही होता है-यात्री। तरीक़त एक रहस्यमय मार्ग है। प्रथम अवस्था शरीअत के अभ्यास द्वारा जब मोमिन में इस रहस्य-भेदन की जिज्ञासा जाग्रत हो जाती है तभी वह सूफ़ी कहलाने का अधिकारी बनता है। इस मार्ग पर अग्रसर होने के लिए एक मुरशिद (गुरु) की आवश्यकता होती है। गुरु उसे उस रहस्य-पन्थ का परिचय कराता है तथा उसके हृदय में प्रियतम (परमात्मा) के विरह की आग पैदा कर देता है। इस अवस्था में सालिक अपने समस्त सांसारिक सम्बन्धों को छोड़कर गुरु के शरणापन्न हो जाता है और उसके आदेश पर चलता है। इस अवस्था में सालिक एक पवित्रात्मा हो जाता है और सांसारिक वासनाओं से विमुख होकर परमात्मा के विरह में तड़पने लगता है। इसे साधना या उपासना काण्ड कह सकते हैं। इस अवस्था के पश्चात् वह तीसरी अवस्था की ओर अग्रसर होता है।

मारिफ़त

यह अवस्था सूफ़ियों का ज्ञानकाण्ड है। ज्ञान के दो भेद हैं—इल्म और म्वारिफ़। इल्म सांसारिक ज्ञान है और म्वारिफ़ ईश्वरीय। इस अवस्था पर पहुँचकर सालिक आरिफ़ (ज्ञानी) की संज्ञा प्राप्त करता है। यहाँ आकर उसे परमात्मा की परमसत्ता का ज्ञान प्राप्त हो जाता है और वह उसके समस्त रहस्यों को जान जाता है। इसमें 'हाल' (मूर्च्छा) की अवस्था आती है, क्योंकि वह उस रूप के रस में निमग्न हो जाता है जो वर्णन से परे है। वास्तव में ''सूफ़ियों का प्रधान साधन म्वारिफ़ है। म्वारिफ़ विभु की विभूति या अल्लाह की अनुकम्पा का प्रसाद है, अतः वह बिना शरीअत और तरीक़त के व्याकरण से भी उत्पन्न हो सकता है। उसके लिए अल्लाह की कृपा ही पर्याप्त है। सूफ़ियों में अनेक ऐसे हुए जिन्हें प्रियतम का साक्षात्कार अनायास ही हो गया।...उनको 'आज़ाद', 'बेशरा', जिन्दीक' आदि की उपाधि मिली।''[4] इस अवस्था को पार करने के पश्चात् उसे चौथी अवस्था स्वतः प्राप्त हो जाती है।

हक़ीक़त

जब आरिफ़ परमात्मा के गुप्त रहस्य को जान लेता है और उसके स्मरण (ज़िक्र) एवं ध्यान (फ़िक्र) द्वारा उसमें तल्लीनता के स्तरों को पार करता हुआ तदाकार हो जाता है, उसमें और उसके प्रियतम परमात्मा के बीच के समस्त अन्तर और अन्तराय समाप्त हो जाते हैं, वह स्वयं हक़ बन जाता है। यह जीव की मुक्तावस्था है। सूफ़ी शब्दावली में इसे 'मक़ाम' की अवस्था भी कहते हैं। यही वह अवस्था है जिसमें पहुँचकर साधक 'अनलहक़' (मैं ही सत्य हूँ) का उद्घोष करने लगता है।

हक़ीक़त वास्तव में साधना नहीं, साधक की अनुभूति की अवस्था है।...शरीअत से प्रोत्साहित मुरीद तरीक़त में लगा और धीरे-धीरे (मारिफ़त-प्राप्त करके) हक़ीक़त की

दशा में जीवन्मुक्त हो गया। अतः एक ही व्यक्ति एक ही मार्ग में कर्मठ से साधक, साधक से ज्ञानी, ज्ञानी से हंस बन गया। हंस बनकर भी बाशरा सूफ़ी शरीअत का पालन लोकरंजन की दृष्टि से करते हैं।[5] बेशरा सूफ़ी इसे निरर्थक मानता है। इस अवस्था का साधक स्वयं को 'हक' कहता है और उसे 'कुत्ब' (उच्च ज्ञानी) भी कहा गया है।

चार लोक

सूफ़ियों ने चार अवस्थाओं के साथ चार लोकों की भी कल्पना की है। ये चार लोक हैं—नासूत, मलकूत, जबरूत और लाहूत। इनमें 'नासूत' नरलोक है, इसका सम्बन्ध मानव की प्राकृतिक अवस्था से है। इस लोक में शरीअत के नियमों का पालन और पाबन्दी विहित है। यह लोक इस्लाम का सामान्य धर्म-पालन का लोक है। सूफ़ी के लिए उसकी साधना की तैयारी का लोक है। इसके पश्चात् मलकूत के लोक में प्रवेश होता है। इस अवस्था में साधक भौतिक संसार की तुच्छता का बोध पा जाता है। अतः भौतिक जगत् की पाबन्दियों से वह ऊपर उठ जाता है। उसमें देवदूतों के गुण का समावेश हो जाता है। अतः इसे देवलोक कहा जा सकता है। इस लोक में साधक अथवा यात्री को तरीक़ा या पवित्रता का सहारा लेना पड़ता है। इस प्रकार इसका सम्बन्ध तरीक़त की अवस्था से है। तीसरा लोक 'जबरूत' का है जिसमें पहुँचकर साधक आध्यात्मिक शक्ति प्राप्त कर लेता है और परमात्मा से तदाकार होने के मार्ग की बाधाएँ समाप्त हो जाती हैं। यहाँ साधक सांसारिक द्वन्द्वों से मुक्त होकर ईश्वरीय ज्ञान (म्वारिफ़) प्राप्त कर लेता है। अतः इसका सम्बन्ध मारिफ़त की अवस्था से है। इस लोक को ज्ञानलोक या ऐश्वर्यलोक कहा जा सकता है। चौथा लोक 'लाहूत' का है। इस अवस्था का साधक 'हक़ीक़' कहा जाता है। उसे हक़ (परमसत्य) का पूर्णबोध हो जाता है और वह उसमें तल्लीन हो जाता है। इस लोक सम्बन्ध हक़ीक़त की अवस्था से है। इस लोक को माधुर्यलोक कहा जा सकता है। कुछ विचारकों ने पाँचवें लोक हाहूत की भी कल्पना की है। हाहूत को सत्यलोक कहा जा सकता है।

सर्वप्रथम मंसूर हल्लाज ने नासूत और लाहूत दो लोकों की कल्पना की थी। इसके उपरान्त गज़ाली ने नासूत के साथ मलकूत और लाहूत के साथ जबरूत का विधान करके चार लोकों की स्थिति का प्रतिपादन किया। आगे के सूफ़ियों ने प्रायः इन्हीं चार लोकों को स्वीकार किया।

आचार्य चन्द्रबली पाण्डे ने इनके सम्बन्ध में लिखा है कि "साधक इन्हीं लोकों में विराम करता हुआ परब्रह्म में लीन होता और संसार के बन्धन से मुक्त हो जाता है। इस दृष्टि से इन लोकों की तुलना जाग्रत, स्वप्न, सुषुप्ति और तुरीयावस्था से की जा सकती है। हाहूत को तुरीयातीत कह सकते हैं। मोमिन शरीअत का पालन कर नासूत में विहार करता है, मुरीद तरीक़त का सेवन कर मलकूत में विचरता है। सालिक मारिफ़त का स्वागत कर जबरूत में विराम और आरिफ़ हक़ीक़त का चिन्तन कर लाहूत में तल्लीन होता है। यही सूफ़ियों की पराकाष्ठा और तसव्वुफ़ की परागति है।"

सूफ़ी अपनी साधना के मार्ग में अग्रसर होने पर कुछ साधनों का उपयोग करते हैं। जिन्हें ज़िक्र, फ़िक्र, मुजाहदा और मुराकबा कहा जाता है। ज़िक्र में परमात्मा का नाम-स्मरण है। भारतीय साधना की शब्दावली में उसे जप भी कह सकते हैं। इसके लिए तसबीह (माला) का उपयोग भी उनमें कालान्तर में होने लगा। ज़िक्र के दो भेद किये गये हैं—ज़िक्र ख़फ़ी और ज़िक्र जली। ज़िक्र जली का सम्बन्ध वाणी से है और वह बाह्य विधान है पर ज़िक्र ख़फ़ी का सम्बन्ध हृदय से है और यह एक आन्तरिक स्थिति है। इसी ज़िक्र ख़फ़ी का रूपान्तर फ़िक्र है। फ़िक्र आन्तरिक चिन्तन है जिसमें बाह्य जप समाप्त-सा हो जाता है पर हृदय उसी परमात्मा के ध्यान में रमा रहता है। इसे योगियों के अजपाजाप के समतुल्य समझना चाहिए।

इन जप (ज़िक्र) और ध्यान (फ़िक्र) में मूलमन्त्र तो इस्लाम का सुपरिचित मन्त्र 'ला इलाह इल्लिल्लाह' ही होता है। इसी के साथ कालान्तर में सूफ़ियों ने 'समाअ' (संगीत या संकीर्त्तन) का योग भी किया जो उनमें ख़ूब प्रचलित हुआ। 'समाअ' के द्वारा प्रियतम में तल्लीनता का साधन मिला। इन सारी क्रियाओं के द्वारा सूफ़ी अपनी नफ़्स पर क़ाबू पाने का प्रयास करता और रूह को जाग्रत करके परमात्मा में लीन करने का प्रयास करता है। इसे चित्तवृत्ति-निरोध कह सकते हैं जिसे सूफ़ी शब्दावली में 'मुजाहदा' कहते हैं। 'मुजाहदा' का अर्थ है जेहाद करना, धर्मयुद्ध करना। सूफ़ियों में यह जेहाद अपनी कुप्रवृत्तियों से लड़ने का जेहाद होता है। इन साधनों के साथ एक और साधन भी जुड़ा जिसे 'मुराकबा' कहते हैं। 'मुराकबा' में सूफ़ी क़ुरान का पाठ और पारायण करता है। पहले सूफ़ी परमात्मा के ध्यान में मन को केन्द्रित करके क़ुरान के चुने हुए स्थलों के पाठ में लीन हो जाता है। इन साधनों का भी लक्ष्य यही होता है कि वह अपनी साधना के चरम लक्ष्य को प्राप्त कर सके।

सूफ़ी मार्ग की मंज़िलें (मुकामात)

साधना के मार्ग में सूफ़ी कई मंज़िलों या मुक़ामात से होकर यात्रा में अग्रसर होने की चर्चा करते हैं, पर न तो इनकी संख्या के सम्बन्ध में उनमें मतैक्य है और न ही उनके नामों के सम्बन्ध में। कोई-कोई ऊपर वर्णित चार अवस्था और चार लोकों की ही भाँति चार मंज़िलों या मुक़ामात की भी चर्चा करते हैं। अल सुहरावर्दी अपनी प्रसिद्ध ग्रन्थ 'अवारिकुल मारिफ़'[6] में केवल चार मंज़िलों को पार करके मनुष्य और परमात्मा के बीच के अन्तराय को दूर करने की बात कहता है। उसके अनुसार ये मंज़िलें क्रमशः आन्तरिक गुप्त प्रेम (इश्क़), तफरीद (आन्तरिक अस्संगता), परमात्मा के प्रेम में अभिभूत हो अपने हृदय के आईने को उसके समक्ष रखकर मस्तमौला बन जाता (इसे वज्द कह सकते हैं) और चौथी और अन्तिम अवस्था है उसी में रम जाने की अवस्था जिसमें ज़िक्र और फ़िक्र का व्यापार अनायास सहज स्वाभाविक गति से उसमें चलता रहता है। कश्फुल महजूब के लेखक अल हुज्वेरी ने तीन ही मंज़िलों का उल्लेख किया

है। उनके अनुसार पहली मंज़िल है 'मुक़ामात'। इसमें कदाचित् अन्य सूफ़ियों के सभी मुक़ामात समाहित हो जाते हैं जो अहं के निरसन के साधन हैं। इसके पश्चात् दूसरी मंज़िल आती है—अहवाल, जिसमें भावातिरेक और उल्लास का उदय होता है और साधक भावाविष्टावस्था (हाल) को प्राप्त करता है। तीसरी मंज़िल है तमकीन, जिसमें साधक अपने चरम लक्ष्य को प्राप्त कर लेता अर्थात् परमात्मा के साथ तादात्म्य स्थापित करके उसी में रमने लगता है।

सामान्य रूप से सूफ़ियों ने सात मंज़िलों का उल्लेख किया है। इनमें कुछ लोग तोबा, तवक्कुल आदि इस्लाम विहित शास्त्रीय कर्म विधानों को सूफ़ी साधक की सात मंज़िलें मानते हैं। आचार्य चन्द्रबली पाण्डे ने इस सम्बन्ध में स्पष्ट किया है कि तोबा से लेकर इश्क़ या मुहब्बत तक सात मंज़िलें सूफ़ी की नहीं हैं, अपितु ये सामान्य मुसलमान की हैं जिन सभी का अन्तर्भाव एक प्रकार से शरीअत के अन्तर्गत हो जाता है। सूफ़ी-साधना का मार्ग तो इश्क़ या मुहब्बत से ही प्रारम्भ होता है और फ़ना-ब्रका तक पहुँचकर पूर्णता प्राप्त करता है। अतः उन्होंने सात मंज़िलें मोमिन की और सात मंज़िलें सूफ़ी की अलग-अलग मानी हैं।

मोमिन की मंज़िलें निम्नांकित हैं तोबा, जहद, सब्र, शुक्र, रिजाअ, ख़ौफ़, तवक्कुल रज़ा, फ़िक्र और मुहब्बत। 1. 'तोबा' त्याग या छोड़ने को कहते हैं। इस्लाम में जो कार्य अकरणीय है उनके तोबा का विधान है। 2. जहद संघर्ष या संग्राम को कहते हैं। इसमें इन्द्रिय को दमन करने के लिए एक आन्तरिक संघर्ष करना पड़ता है। 3. सब्र में अपने भाग्य पर सन्तोष करना पड़ता है अर्थात् जो कुछ अल्लाह ने दिया है, वही बहुत है, उससे अधिक की चाह न होना सब्र है। 4. शुक्र में उसे अल्लाह का आभार प्रतिक्षण मानना होता है कि उसकी बदौलत वह सब है। 5. इससे उसे रिजाअ (सन्तुष्टि) प्राप्त होती है। 6. ख़ौफ़ में ईश्वर के आदेशों के पालन के लिए उससे भय का होना माना गया है। 7. तवक्कुल में परमात्मा पर पूर्ण निर्भरता और एकमात्र उसी का आसरा-भरोसा होता है। 8. रज़ा उसके आदेशों के अनुसार वह ईश्वर से जो कुछ भी प्राप्त हो जाये उसी में सन्तुष्ट होकर उसे भी छोड़ता जाता है। इन अवस्थाओं के उपरान्त वह उसके 9. ज़िक्र (स्मरण व ध्यान) में लग जाता है जिसे 'ज़िक्र अलमौत' (मौत तक चलनेवाला ज़िक्र) भी कहते हैं। इतनी सीढ़ियों के पश्चात् कहीं मोमिन में मुहब्बत का प्रादुर्भाव होता है और वह सालिक (यात्री) या सूफ़ी संज्ञा का अधिकारी बनता है।[7]

सूफ़ियों को अपने चरम लक्ष्य तक पहुँचने के लिए कुछ मंज़िलों को और तय करना पड़ता है जिन्हें वे मुक़ामात कहते हैं। इनकी कोई निश्चित संख्या नहीं है। अधिकांश सूफ़ी इनको सात मंज़िलें मानते हैं। ये मुक़ामात अबूदिया, इश्क़, जहद, म्वारिफ़, वज्द, हक़ीक़ और वस्ल हैं। 'अबूदियत' में साधक हृदय को पवित्र करके परमात्मा की सेवा में अपने को लगा देता है। 'इश्क़' परमात्मा प्रेम इस मंज़िल में उसके हृदय में जाग्रत हो जाता है और वह फ़क्र (गरीबी) का वरण करता है। 'ज़ुहद' में उसकी सांसारिक

वासनाओं का अन्त हो जाता है। 'मारिफ़त' में वह ज्ञान से परिपूर्ण होकर उसके गुण-स्वभाव को धारण करता है। 'वज्द' में परमात्मा का ध्यान करते-करते उसे भावाविष्टावस्था (हाल) की प्राप्ति होती है। 'हक़ीक़त' में उसे परमात्मा के सत्य स्वरूप का बोध हो जाता है और वह उसमें पूर्ण सन्तुष्टि (तवक्कुल) धारण करता है। 'वस्ल' में उसे साक्षात्कार हो जाता है।

सन्दर्भ

1. तसव्वुफ़ अथवा सूफ़ीमत : चन्द्रबली पाण्डे, पृ. 149।
2. वही, पृ. 152।
3. वही, पृ. 150।
4. वही, पृ. 92।
5. वही, पृ. 93।
6. सूफ़ीमत-साधना और साहित्य : रामपूजन तिवारी, पृ. 327।
7. वही, पृ. 331 पर उद्धृत।

4
भारत में सूफ़ी सम्प्रदाय

इस्लाम का प्रवेश 711 ई. में मुहम्मद बिन कासिम के सिन्ध पर आक्रमण के साथ ही भारत में हो गया था, पर क्रमबद्ध रूप में सूफ़ी चिन्तकों का भारत आगमन ग्यारहवीं शताब्दी से प्रारम्भ होता है। कहा जाता है कि इस्माइल, जो 1005 ई. में लाहौर आया था, प्रथम इस्लाम धर्मप्रचारक था।[1] इसके उपरान्त सुप्रसिद्ध सूफ़ी चिन्तक हुज्वेरी 1036 ई. में लाहौर आया। यह गज़नी के पास का रहनेवाला था। इसका असली नाम मखदूम सैय्यद अली था और इसे अल हुज्वेरी दातागंज बख़्श भी कहते थे।[2] हुज्वेरी के उपरान्त सूफ़ियों का आगमन लगातार भारत में होने लगा और अनेक सिलसिलों (सम्प्रदायों) के सूफ़ियों ने भारत की सूफ़ी-चिन्तनधारा के विकास में योग दिया। आईन-ए-अकबरी में तत्कालीन भारत के चौदह सूफ़ी सम्प्रदायों का उल्लेख हुआ है : चिश्ती, सुहरवर्दी, हबीजी, तफूरी, करखी, सकती, जुनेदी, काजरूनी, तूसी, फिरदौसी, जेदी, इयादी, अधमी और हुबेरी।[3] भारत में चार सूफ़ी सम्प्रदाय विशेष प्रसिद्ध हुए, जिनका संक्षिप्त विवरण निम्नलिखित है—

चिश्ती-सम्प्रदाय

ख़्वाजा मुईनुद्दीद चिश्ती सन् 1190 ई. में भारत आये। उन्हीं के साथ भारत में चिश्ती सम्प्रदाय का आगमन हुआ। वे कुछ दिन लाहौर और दिल्ली में रहकर अजमेर चले गये और वहीं 1235 ई. में उनकी मृत्यु हुई। मुईनुद्दीन चिश्ती का हिन्दुओं के निम्न समझे जानेवाले वर्ग पर अच्छा प्रभाव था।[4] वे अद्वैतवादी सिद्धान्तों का प्रतिपादन करते थे। उनका कहना था कि जब हम बाह्य जगत् की सीमाओं को पार करके देखते हैं तो प्रेमी, प्रेमिका और प्रेम एक ही दिखायी पड़ते हैं, अर्थात् एकत्व के क्षेत्र में सभी एक हैं।[5] कहा जाता है कि ख़्वाजा मुईनुद्दीन का सम्बन्ध हिन्दुओं के प्रति सौहार्दपूर्ण था।[6]

इस सम्प्रदाय के दूसरे प्रसिद्ध सन्त ख़्वाजा कुतुबुद्दीन बख़्तियार काकी थे। ये ख़्वाजी मुईनुद्दीन के साथ ही बग़दाद से भारत आये थे, पर रास्ते में वे कुछ दिन मुल्तान में रुककर दिल्ली आये। उस समय दिल्ली पर इल्तुतमिश का शासन था। उसके आग्रह पर भी वे दिल्ली न रुके और अजमेर चले गये। कहा जाता है कि इल्तुतमिश के अनुनय-विनय और ख़्वाजा मुईनुद्दीन के कहने पर वे दिल्ली लौट आये। उन्हें संगत से बड़ा प्रेम था और संगीत प्रेम में वे इतना तल्लीन हो जाया करते थे कि कई-कई दिन तक उसी में विभोर रहते थे।

ख़्वाजा कुतुबुद्दीन बख़्तियार काकी की ही भाँति मुईनुद्दीन चिश्ती के दूसरे प्रसिद्ध शिष्य हमीदुद्दीन नागौरी हुए। कुतुबुद्दीन ऐबक की दिल्ली-विजय के उपरान्त दिल्ली में उत्पन्न हुई पहली मुस्लिम सन्तान के रूप में इनका स्मरण किया जाता है। ये बहुत उदार और निरामिष भोजी थे।[7] इस सम्प्रदाय को अखिल भारतीय प्रसार देनेवाले सन्त और संगठनकर्त्ता शेख़ फरीदुद्दीन गंज-ए-शकर थे। इनका जन्म मुल्तान में हुआ था। ये ख़्वाजा बख़्तियार काकी के शिष्य थे। ये हांसी और अजोधन में रहते थे। अजोधन (पंजाब) में इन्होंने अपना खनकाह बनाया। इनके शिष्यों में ख़्वाजा निजामुद्दीन औलिया,बद्रुद्दीन इशाक, शेख़ जमालुद्दीन, अली अहमद साबिर, शेख़ आरिफ़ थे। इनकी मृत्यु 1265 ई. में हो गयी।

इनके अतिरिक्त चिश्ती सम्प्रदाय में शेख़ नसीरुद्दीन चिराग़-ए-देहली तथा फतेहपुर सिकरी के शेख़ सलीम चिश्ती प्रसिद्ध सन्त हुए। इस सम्प्रदाय के फ़रीदी, महदवी, औलिया और साबिरी आदि कुछ उपसम्प्रदाय भी हुए।

सुहरवर्दी सम्प्रदाय : इसके प्रवर्तक शेख़ शहाबुद्दीन सुहरवर्दी थे, जिन्होंने अपने दो शिष्यों हमीदुद्दीन नागौरी और शेख़ बहाउद्दीन ज़कारिया को भारत भेजा। बहाउद्दीन ज़कारिया ने भारत में सूफ़ियों के इस सम्प्रदाय की नींव डाली। ये सुल्तान के रहनेवाले थे। इनके रहस्यात्मक आदर्श चिश्ती परम्परा से भिन्न थे। इन्होंने इस्लामी परम्पराओं को अपनाया और चिश्तियों द्वारा गृहीत गुरु के सम्मुख झुककर प्रणाम करने आदि की हिन्दू पद्धतियों का विरोध किया। इनके दो पुत्रों (शिष्यों) में से एक सुद्रद्दीन आरिफ़ ने मुल्तान में और जलालुद्दीन सुर्ख बुखारी ने उच में इनका उत्तराधिकार प्राप्त किया। जलालुद्दीन बुखारी की भारत में बड़ी धाक रही। सुहरवर्दी सम्प्रदाय की दो शाखाएँ हुईं—एक कट्टर इस्लाम के अनुकूल चलनेवालों की जिन्हें बाशरा कहा गया और दूसरी उसके प्रतिकूल चलनेवालों की जिन्हें बेशरा कहा गया। इस सम्प्रदाय की एक फिरदौसिया शाखा भी हुई जिसमें मनेरशरीफ़ के सुप्रसिद्ध संत सर्फुद्दीन एहिया मनेरी हुए। आप एक आचरणशील महात्मा और विवेकशील चिन्तक थे। आपने वहदतुल वजूद के सिद्धान्त का इस्लामपरक विवेचन किया। उन्होंने 'मकतूबात' में बताया है कि प्रत्यक्षदर्शन (शहूद) की दशा में मनुष्य और ब्रह्म के सम्बन्ध नहीं बदलते हैं, प्रत्युत उनमें एकता का बोध होता है, जो केवल अनुभूति का विषय है।[8]

क़ादिरी सम्प्रदाय

इस सम्प्रदाय के संस्थापक बग़दाद के शेख़ अब्दुल क़ादिर जिलानी थे। भारत में इस सम्प्रदाय के प्रसिद्ध प्रचारक शाह नियामत उल्लाह और नसीरुद्दीन मुहम्मद जिलानी थे, जो पन्द्रहवीं शताब्दी के मध्यकाल में हुए थे। दाराशिकोह इसी सम्प्रदाय के सन्त मियाँ मीर का लाहौर में शिष्य हुआ था।

नक़्शबन्दी सम्प्रदाय

इस सम्प्रदाय के संस्थापक ख़्वाजा बहाउद्दीन नक़्शबन्दी थे। उनकी सातवीं पीढ़ी में ख़्वाजा बक़ी बिल्लाह (1563-1603 ई.) ने भारत में इस सम्प्रदाय का प्रवर्तन किया।

यह सम्प्रदाय पूर्णतया कट्टर इस्लाम धर्म की मान्यताओं का समर्थक था और रसूल द्वारा प्रतिपादित नियमों के अक्षरशः पालन में विश्वास करता था। बक़ी बिल्लाह के प्रमुख शिष्य शेख़ अहमद सरहिन्दी उपाख्य 'मुजद्दीद' हुए। इनके अतिरिक्त शाह वली उल्लाह और ख़्वाजा मीर दर्द भी इसी सम्प्रदाय के सन्त थे।

इनके अतिरिक्त भारत में प्रसिद्ध हुए सम्प्रदायों में मेहदवी, शत्तारी, उबैसी, मदारी, कलन्दरी और मलामती विशेष उल्लेखनीय हैं। मेहदवी सम्प्रदाय के प्रवर्तक सैय्यद मुहम्मद जौनपुर के रहनेवाले थे। इनके प्रसिद्ध शिष्य शेख़ बुरहान हुए जो कालपी के रहनेवाले थे और मलिक मुहम्मद जायसी ने जिन्हें आदरपूर्वक स्मरण किया है।[9] सत्तारी सम्प्रदाय के प्रवर्तक शेख़ अब्दुल्ला शत्तारी थे। इस सम्प्रदाय का भी भारत में विशेष प्रचार हुआ।

भारतीय सूफ़ी-धारा पर हिन्दू प्रभाव

भारतवर्ष के सूफ़ी सम्प्रदायों में चिश्ती सम्प्रदाय को सर्वाधिक सफलता प्राप्त हुई। इसका मुख्य कारण यह था कि चिश्ती सन्तों ने अपनी साधना में हिन्दू तत्त्वों का पर्याप्त मिश्रण किया। माला का प्रयोग तो हिन्दू प्रभाव के कारण ईरान के सूफ़ी ग्रहण ही कर चुके थे। गुरु के सम्मुख साष्टांग प्रणाम और हिन्दुओं की अनेक कठिन साधनाओं को भी चिश्ती सन्तों ने उनसे ग्रहण कर लिया। डॉ. यूसुफ हुसेन के अनुसार भारत में चिश्ती सम्प्रदाय की असाधारण सफलता का मुख्य कारण यह था कि इस सम्प्रदाय के सन्त भारत की लोक-प्रथाओं और रीतियों को आत्मसात् करने की कला जानते थे।[10]

भारत में तेरहवीं शताब्दी की धर्म और राजनीति सम्बन्धी स्थिति पर विचार करते हुए श्री ख़ालिक़ अहमद निज़ामी ने लिखा है कि "अलबेरूनी ने हिन्दू धर्म का अध्ययन दार्शनिक स्तर पर किया था, पर सूफ़ियों ने उसे मनोवैज्ञानिक एवं भावात्मक स्तर पर ग्रहण करने का प्रयत्न किया। उनका सम्बन्ध सैद्धान्तिक ऐक्य की अपेक्षा भावात्मक ऐक्य से अधिक था। यह कार्य कठिन था, पर इसका प्रभाव अवश्यम्भावी एवं व्यापक रूप से पड़ना निश्चित था। यही कारण है कि हम प्रारम्भिक मुसलमान दार्शनिकों को हिन्दू धार्मिक रीति-रिवाज़ों में अधिक रुचि लेते हुए देखते हैं, अपेक्षाकृत हिन्दू दार्शनिक विचारों के।"[11] श्री निजामी ने यह भी कहा है कि "चिश्ती सूफ़ियों ने बहुत-सी हिन्दू प्रथाओं और रस्म-रिवाजों को अपने सिलसिले की शुरुआत में ही ग्रहण कर लिया था। शेख़ के सम्मुख झुकना, आगन्तुकों को जल समर्पित करना, जम्बील घुमाना, शिष्यों का सिर मूँड़ना, संगीत प्रेम (सभा) और 'चिल्लाह-ए-मकूज' (चालीस दिन तक पैर में रस्सी बाँधकर कुएँ में लटककर प्रार्थना करना) आदि हिन्दू और बौद्ध प्रथाओं से बहुत मिलते हैं।"[12]

भारत के अन्दर सूफ़ीमत पर पड़े हुए प्रभावों की चर्चा करते हुए डॉ. आशीर्वादीलाल श्रीवास्तव लिखते हैं कि "भारत के बाहर सूफ़ीमत पर जो भी प्रभाव पड़े हों, पर जहाँ तक इस देश के अन्दर प्रसारित सूफ़ी विचारों का प्रश्न है, उन पर हिन्दू विचारों,

विश्वासों एवं आचारों का पर्याप्त प्रभाव पड़ा।''[13] सूफ़ियों के चिश्ती सिलसिले को हिन्दू वेदान्त का अंग तक कहा गया है। हिन्दू तत्त्वों के ग्रहण के कारण ही सूफ़ीमत का चिश्ती सम्प्रदाय विशेष लोकप्रिय हुआ और भारत में इस मत का व्यापक प्रचार भी हुआ।[14]

उदारतापूर्वक हिन्दू तत्त्वों के ग्रहण की इस परम्परा का प्रभाव भारत के कुछ मुसलमान बादशाहों पर भी पड़ा। अकबर ने इसी भावना के साथ दीन-ए-इलाही का प्रवर्तन किया था। वह हिन्दुओं की भाँति रहता था और हिन्दू आचार और विचारों के ग्रहण में बहुत उदार था। उसके दीन-ए-इलाही पर हिन्दू वेदान्त तथा 'वहदतुल वजूद' के सिद्धान्तों का प्रभाव था।[15] औरंगजेब के काल में दाराशिकोह ने हिन्दू धर्म और दर्शन के प्रति अपना विशेष अनुराग प्रकट किया और उसने क़ुरान तथा उपनिषदों का तुलनात्मक अध्ययन 'मजमाउल बहरैन' (दो समुद्रों का मिलन) में किया। उसके अनुसार भारतीय ज्ञान-परम्परा में ही क़ुरान की रचना हुई थी।[16]

चिश्ती सम्प्रदाय के अतिरिक्त शत्तारी सम्प्रदाय पर भी हिन्दू धर्म-साधना का व्यापक प्रभाव दीख पड़ता है। इस सम्प्रदाय ने योग तथा भारतीय साधना की अन्य बहुत-सी बातों को अंगीकार कर लिया था। हठयोग के यौगिक आसन तथा जंगलों में फल-फूल खाकर रहने की भारतीय योगियों की पद्धति उनके जीवन में प्रविष्ट हो चुकी थी।[17] श्री अज़ीज़ अहमद के अनुसार हठयोग में यौगिक आसन और समाधि पर उनका विशेष बल था। शत्तारी सन्त उलेमा से अपनी साधना को गुप्त रखते थे, ताकि वे उनकी आलोचनाओं से बच सकें।[18]

आगे चलकर जब हिन्दी के सूफ़ी कवियों ने लोक कथाओं को आधार बनाकर लोकभाषा में काव्य-सृजन प्रारम्भ किया तो उन्होंने हिन्दू-संस्कृति के तत्कालीन स्वरूप को अपनी लेखनी से मुखर किया। 'इन सूफ़ी कवियों का झुकाव बहुत-कुछ भारतीय परम्पराओं के अनुसरण की ओर ही होता जान पड़ता है। ऐसा करते समय, ये बहुत अंशों तक उनके प्रति अपनी सहानुभूति प्रकट करते हुए भी प्रतीत होते हैं। इनमें से बहुत-से कवि हमें ऐसे भी मिला करते हैं जिन्होंने यहाँ के धर्म, समाज, साहित्य एवं संस्कृति को भरसक उनके अपने वास्तविक रूप में चित्रित करने का प्रयास किया है तथा इनके विषय में अपना अच्छा ज्ञान भी होना सिद्ध कर दिया है।''[19]

इस प्रकार हम देखते हैं कि हिन्दू तत्त्वज्ञान का प्रभाव इस्लाम के सूफ़ीमत से पूर्ववर्ती कुछ सम्प्रदायों पर भी दिखायी पड़ने लगता है। प्रारम्भिक सूफ़ी चिन्तकों को भी बौद्ध और वेदान्त दर्शन ने प्रभावित किया तथा यह प्रभाव क्रमशः बढ़ता ही गया। मंसूर हल्लाज के उपरान्त हिन्दू तत्त्वज्ञान से प्रभावित साधकों की एक परम्परा ही दिखायी पड़ती है। भारत में प्रवेश करने पर तो निश्चित रूप से हिन्दू धर्म, दर्शन और साधना से सूफ़ीमत प्रभावित हुआ। हिन्दू-प्रभावों की इस सुदीर्घकालीन परम्परा को हिन्दी के सूफ़ी कवियों ने पूर्णता प्रदान की। इन कवियों ने हिन्दू-संस्कृति की समस्त रूप-छवियों को अपने काव्य में निरूपित करने का प्रयास किया।

सन्दर्भ

1. आर्नाल्ड : प्रीचिंग्स आफ इस्लाम, पृष्ठ 280।
2. सरला शुक्ल : जायसी के परवर्ती हिन्दी सूफ़ी कवि और काव्य, पृष्ठ 20।
3. विमल कुमार जैन : सूफ़ीमत और हिन्दी साहित्य, पृष्ठ 83।
4. श्याम मनोहर पाण्डेय : मध्ययुगीन प्रेमाख्यान, पृष्ठ 9।
5. आशीर्वादीलाल श्रीवास्तव : मेडिवल इण्डियन कल्चर, पृष्ठ 80।
6. वही, पृष्ठ 80।
7. वही, पृष्ठ 81।
8. वही, पृष्ठ 90।
9. श्याम मनोहर पाण्डेय : मध्ययुगीन प्रेमाख्यान, पृष्ठ 10।
10. यूसुफ़ हुसेन : ग्लिम्पसेज आफ मेडिवल इण्डियन कल्चर, पृष्ठ 36।
11. ख़ालिक़ अहमद निजामी : सम आसपेक्ट्स आफ रेलिजन ऐण्ड पालिटिक्स इन इण्डिया ड्यूरिंग, थरटीन्थ सेन्चुरी, पृष्ठ 263।
12. ख़ालिक़ अहमद निजामी : सम आसपेक्ट्स आफ रेलिजन ऐण्ड पालिटिक्स इन इण्डिया ड्यूरिंग थरटीन्थ सेन्चुरी, पृष्ठ 178।
13. आशीर्वादी लाल श्रीवास्तव : मेडिवल इण्डियन कल्चर, पृष्ठ 70।
14. वही, पृष्ठ 95।
15. यूसुफ़ हुसेन : ग्लिम्पसेज आफ मेडिवल इण्डियन कल्चर, पृष्ठ 57।
16. दाराशिकोह : मजमाउल बहरैन, पृष्ठ 13।
17. अतहर अब्बास रिजवी : मुग़लकालीन भारत, भाग 2, पृष्ठ 33।
18. अज़ीज़ अहमद : स्टडीज इन इस्लामिक कल्चर इन हिन्दू इनवायरनमेण्ट, पृष्ठ 137।
19. परशुराम चतुर्वेदी : हिन्दी के सूफ़ी प्रेमाख्यान, पृष्ठ 15।

5
प्रेमतत्त्व

सूफ़ी-साधना का केन्द्रीय तत्त्व प्रेम है। प्रेम ही वह सुरा है जिसके मद में छका हुआ सूफ़ी मस्तमौला बना रहता है और उसे प्रियतम के प्रेम के अलावा कुछ भी नहीं दिखायी देता है। उसे न मज़हब की पाबन्दियों की परवाह रहती है और न जगत् के सम्बन्धों की। वह न सुख चाहता है और न दुःख, वह न स्वर्ग चाहता है न नरक; वह न शान्ति चाहता है न मोक्ष; वह न रूप चाहता है न अरूप। उसके हृदय में एक ही आग जलती रहती है और वह आग है प्रेम। उसकी ज्वाला में उसकी समस्त सांसारिक आकांक्षाएँ और एषणाएँ जलकर भस्म हो जाती हैं और उसके प्रकाश से उसका जागतिक जीवन एक अलौकिक प्रभामण्डल से प्रकाशित हो उठता है जिसमें परमात्मा का जमाल (सौन्दर्य) ही उसे सर्वत्र छाया छुआ दीखने लगता है।

संसार के सभी धर्मों में परमात्मा की साधना के विविध मार्गों में प्रेममार्ग का प्रधान और प्रमुख स्थान है। इस्लाम की प्रकृत व्यवस्था में परमात्मा प्रेम का विषय नहीं हो सकता था। पर प्रारम्भिक साधकों और साधिकाओं ने अपनी स्वानुभूति और तन्मयता में इस प्रेमतत्त्व का अनुसन्धान किया। शायद यह इसलिए हुआ होगा कि जब संसार में भौतिक प्रेम मनुष्य को अनन्यता, कष्ट सहन की अपार क्षमता और प्रियतम पर प्राणोत्सर्ग करने की पात्रता उत्पन्न कर देता है तो साधकों ने विचार किया होगा कि जब उस अनन्त सौन्दर्यवान् के एक कण से निर्मित प्रेम में इतनी पात्रता है तो उस सौन्दर्य-सागर के प्रेम में निमग्न होने में कितना सुख होगा। जब वह इस चिन्तन में उसकी ओर बढ़ा होगा तो उसे इसके अनुभव ने बल प्रदान किया होगा कि वही प्रेम सच्चा प्रेम है, वही सौन्दर्य सच्चा सौन्दर्य है। अन्य सांसारिक प्रेम शरीर के साथ छूट जाते हैं, अन्य सांसारिक सौन्दर्य वय के साथ विद्रूप होते हैं और मृत्यु के साथ समाप्त हो जाते हैं। परमात्मा का जमाल (सौन्दर्य) शाश्वत है और उसका प्रेम भी शाश्वत है।

प्रेम का यह तन्तु क़ुरान में भी विद्यमान था। क़ुरान में एक कथा-प्रसंग आता है यूसुफ़ और जुलेखा का। यूसुफ़ एक नबी है, जुलेखा का उस पर अनन्य प्रेम है। यूसुफ़ एक गरीब गड़ेरिया के घर पैदा हुआ था और जुलेखा राज-कन्या थी। यूसुफ़ को पाने के लिए जुलेखा ने बड़ी युक्तियाँ कीं, पर पा न सकी। वह बूढ़ी हो गयी, बाल पक गये, मुँह पर झुर्रियाँ पड़ गयीं। घटना-क्रम से गुज़रता हुआ यूसुफ़ बादशाह बनता है

और उसकी बादशाही शोभायात्रा निकलती है। इसी में बदहवास हो पागल की तरह जुलेखा उसकी एक दीदार के लिए भीड़ को चीरती हुई आगे आकर खड़ी होती है। यूसुफ़ की निगाह उस पर पड़ती है, वह जुलेखा को पहचान लेता है और राजवाहन से उतरकर उसके शरीर को छू देता है जिससे पुनः जुलेखा अपने सम्पूर्ण सौन्दर्य के साथ युवावस्था प्राप्त कर लेती है। इस कथा में प्रतीकात्मक ढंग से एक लौकिक प्रेम के माध्यम से ईश्वरीय प्रेम की ही व्यंजना की गयी है। असम्भव नहीं है कि प्रारम्भ के सूफ़ी साधकों को इस कथा में उनके हृदय में अंकुरित प्रेम के बीज प्राप्त हुए हों। आगे चलकर ईरान के सूफ़ी कवियों ने इस कथा का अपनी मसनवियों में उपयोग किया। जामी की मसनवी 'यूसुफ़-जुलेखा' अत्यन्त प्रसिद्ध हुई।[1]

साहित्यशास्त्र तथा भक्ति सम्प्रदायों में प्रेम को सभी भावों का मूल भाव माना गया है। प्रेम के अभाव से निर्वेद (वैराग्य) और प्रेम के उत्साह से वीर की सृष्टि होती है। प्रेम के ही कारण भय और विस्मय का अंकुरण भी होता है। प्रिय के विनाश का भय और उसके आश्चर्यमिश्रित कार्य-व्यवहारों में विस्मय के भाव अंकुरित होते हैं। इसीलिए प्रेम से उत्पन्न शृंगार को रसराज कहा गया है और परमात्मा को भी रस-स्वरूप कहा गया है—रसो वै सः। परमात्मा आनन्द सिन्धु-सुखराशि है तो निश्चय ही वह रसों में शृंगार रस ही है। यदि वह कोई भाव है तो प्रेमभाव ही होगा, क्योंकि संसार में अन्य किसी भाव में न वह प्राण-शक्ति है, न प्रेरणा है न वह प्रताप है और न वह परिणति है जो प्रेम भाव में होती है।

इश्क़ या प्रेम सूफ़ियों की दृष्टि से सांसारिक और आध्यात्मिक दोनों ही क्षेत्रों में जीवन का मूलभूत तत्त्व है। इस सम्बन्ध में आचार्य चन्द्रबली पाण्डे ने किसी सूफ़ी के कथन को उद्धृत किया है—

"अगर इश्क़ न होता तो इन्तज़ाम आलमे सूरत न पकड़ता। इश्क़ के बगैर जिन्दगी बवाल है। इश्क़ को दिल दे देना कमाल है। इश्क बनाता है, इश्क़ जलाता है। दुनिया में जो कुछ है इश्क़ का जलवा है। आग इश्क़ की गर्मी, हवा इश्क़ की बेचैनी है, पानी इश्क़ की रफ्तार है, खाक इश्क़ का क़ियाम है।" आदि[2]

सूफ़ी-साधना रहस्य की साधना है। पर्दे के पीछे छिपा परमात्मा ही इस रहस्य का मूल है। रहस्यवादी के लिए प्रेम ही एक साधन है जिसके द्वारा प्रियतम की दीदार सम्भव है। अतः प्रेमी साधक प्रेम के सम्बल से परमात्मा के मिलन के मार्ग पर अग्रसर होता है। प्रेम में बड़ी शक्ति है। संसार में अपने प्रिय के लिए साधारण मनुष्य अनूठे पुरुषार्थ का प्रदर्शन करने में समर्थ हो जाता है तो परमात्मा के प्रेम का दीवाना भला क्या नहीं कर सकता?

प्रेम की एक शर्त यह भी है कि वह एकनिष्ठ होता है। यदि संसार का वासनात्मक प्रेम हृदय में शेष है तो उस परमसत्य का प्रेम हृदय में उत्पन्न ही नहीं होगा। पर इस वासना को समाप्त करने का साधन भी है प्रियतम का प्रेम ही। 'प्रेम एक ऐसी उत्प्रेरक

शक्ति है जो साधक को आध्यात्मिक मार्ग पर लगा देती है। यह एक ऐसी वासना है जो समस्त वासनाओं को हृदय से दूर कर देती।'[3] इस सम्बन्ध में सूफ़ी साधक शिबली ने कहा है कि प्रेम हृदय में अग्नि के समान है जो परमात्मा की इच्छा के सिवाय अन्य सभी वस्तुओं को जलाकर भस्मीभूत कर देता है।[4]

प्रेमतत्त्व का दर्शन हमें सूफ़ीमत के प्रारम्भ से ही होता है जब सूफ़ी दर्शन का विकास नहीं हुआ था। चार अवस्था, चार लोक, सात मुक़ाम की स्थापनाएँ नहीं हुई थीं, तब भी साधकों ने प्रेम का प्रतिपादन किया था और उसी को परमात्मा की प्राप्ति का मूल आधार बताया था। प्रेम दीवानी राबिया का हृदय उस परम प्रेम से परिपूर्ण था और वह उसमें इतनी तल्लीन थी कि उसके हृदय में किसी अन्य के प्रति न प्रेम शेष था, न घृणा। गजाली के अनुसार राबिया दो प्रकार का प्रेम मानती थी—सकाम और निष्काम। सकाम प्रेम से अभिप्राय तात्कालिक लाभ के लिए परमात्मा का प्रेम और निष्काम प्रेम से तात्पर्य परमात्मा के सौन्दर्य (जमाल) पर मुग्ध होकर प्रेम करना। इस दशा में प्रेम अपने-आप में साधना और सिद्धि दोनों ही होता है। यही श्रेष्ठ प्रेम है।

हुज्वेरी ने बताया कि परमात्मा की दो विभूतियाँ हैं—जलाल (ऐश्वर्य) और जमाल (सौन्दर्य)। जब साधक के सामने उसका जलाल रहता है तो उसमें भय की भावना उत्पन्न होती है और वह उसके भय से उसे मान्यता देता है। पर जब उसका जमाल प्रधान हो जाता है तो उस पर मुग्ध होकर साधक उसी का हो जाता है। उसमें उसके साथ अपनत्व का नाता बन जाता है। अपनत्व में आनन्द सन्निहित है। अतः प्रेमी परमात्मा के प्रेम में एक अनिर्वचनीय आनन्द की अनुभूति करता है और उसी में निमग्न होकर उसके साथ एकत्व का अनुभव करने लगता है।[5] जलाल-जनित भय और उससे होनेवाले उत्पीड़न और कष्ट का तिरोभाव होकर, एकमात्र प्रेम-ही-प्रेम का आविर्भाव होता रहता है।[6]

परमात्मा का यह प्रेम मनुष्य में तभी अंकुरित होता है जब उसकी कृपा होती है। बिना उसके अनुग्रह के परमात्मा के प्रति प्रेम होना सम्भव ही नहीं है। यह कृष्णभक्तों के पुष्टिमार्ग के समान ही विचार है। भक्ति के समान ही सूफ़ी प्रेम-साधना भी सरल हृदय की वस्तु है। इसमें तर्क और बुद्धि का कोई स्थान नहीं है। हृदय की पवित्रता और ऋजुता के द्वारा ही हृदय के दर्पण में परम प्रिय अपने प्रकाश का प्रतिबिम्ब छोड़ता है जिसे पाकर जीवात्मा धन्य हो जाता है। वायजीद बिस्तानी इसी को इन शब्दों में प्रकट करता है :

"मैं समझता था मैं परमात्मा से प्रेम करता हूँ। लेकिन ग़ौर करने पर मैंने देखा कि मेरे प्रेम करने के पहले से ही वह मुझसे प्रेम करता है।"

प्रेममूर्ति उस परम प्रियतम के सौन्दर्य की एक झलक प्रकृति में अथवा उसके आलोक की एक क्षीण रेखा अपने अन्तःकरण में पाकर प्रेमी के हृदय में विरह की अपार पीड़ा उत्पन्न हो जाती है। वह प्रियतम को पाने के लिए बेचैन हो उठता है। सारी प्रकृति में वही आँखमिचौनी करता-सा दीखने लगता है। सारा जलवा उसी का जलवा नज़र

आता है और सारा सौन्दर्य उसी के जमाल की झलक देने लगता है। प्रकृति उसे कहीं उसी प्रिय के विरह में सूखती-मुरझाती और कहीं उसके संयोग से लहलहाती लिपटती-सी दीख पड़ने लगती। वह प्रेमी भी अपने प्रियतम की परमरति के लिए विरहोच्छ्वास भरने लगता है।

विरही सूफ़ी की मनोदशा को बड़े ही सुन्दर शब्दों में चित्रण करते हुए आचार्य चन्द्रबली पाण्डे ने लिखा है—"प्रियतम के लिए सूफ़ी क्या नहीं करते? उसके लिए आँख बिछाते हैं, पथ बुहारते हैं, सर के बल चलते हैं, आँसुओं की नदी बहाते हैं, पहाड़ खोदते हैं, व्रत रहते हैं, उपवास करते हैं, रण ठानते हैं, आह से एक नया आसमाँ बनाते हैं, रकीबों को कोसते हैं, शरीर पर घाव करते हैं, कलेजे का कलेवा भी करने लगते हैं।—सूफ़ियों का प्रेम उद्वेग से रंग लाता है और मरण में ही खरा उतरता है। इश्क़ की प्रमत्त दशा में सूफ़ियों ने जो कुछ लिखा वा प्रलाप किया है, वह साहित्य-संसार का अनूठा रत्न है। उसी प्रियतम को याद करते-करते समाधि लग जाती है, इनको हाल आ जाता है। हाल की दशा में प्रियतम का साक्षात्कार हो जाता है। इस महानिद्रा में जो महामिलन होता है, सूफ़ी उसी को मरण कहते हैं।"[7]

इस प्रकार हम देखते हैं कि प्रारम्भ के सूफ़ी साधक जिन्हें बेशरा या विद्रोही कह सकते हैं, उनके जीवन और कथनों में हमें प्रेमतत्त्व की प्रधानता देखने को मिलती है। उसके पश्चात् सूफ़ी तत्त्वचिन्तकों ने भी प्रेमतत्त्व का प्रधानता के साथ विश्लेषण और विवेचन किया है। उनके विवेचन को दृष्टिगत रखते हुए यह कहा जा सकता है कि सूफ़ी-साधना का मूलतत्त्व प्रेम है और यही एकमात्र केन्द्रीय तत्त्व है जो सामान्य मुसलमान से सूफ़ी को अलग करता है शेष औपचारिकताएँ, साधनाएँ, साधन, सीढ़ियाँ या सोपान लक्षण हैं, सम्बल हैं, अवलम्ब हैं पर इनमें लक्ष्यभूत तत्त्व प्रेम है। प्रेम ही सूफ़ी साधना का प्रधान अंग है और यही प्रेम अंगी भी है। सूफ़ी प्रेम करता है, प्रेम ही माँगता है, प्रेम ही में जीना, प्रेम ही में मरना और प्रेम में ही खोकर प्रेममय हो जाना चाहता है।

सूफ़ियों के प्रेमतत्त्व को ईरान के सूफ़ी कवियों ने एक प्रतीकात्मक आधार प्रदान किया। उन्होंने संसार के प्रसिद्ध प्रेमी-प्रेमिकाओं के कथानक को आधार बनाकर उनकी प्रेमकथा के आधार पर मसनवियाँ लिखीं। इसके पीछे सूफ़ी इस सिद्धान्त को मानते हैं कि इश्क़ मजाज़ी (सांसारिक प्रेम) इश्क़ हक़ीक़ी (परमात्मा का प्रेम) का एक सोपान है। इसका तात्पर्य यह नहीं समझना चाहिए कि सूफ़ी साधना में परमात्मा के प्रेम की तड़पन महसूस करने के लिए प्रत्येक सूफ़ी को पहले किसी सांसारिक व्यक्ति से प्रेम करना लाजिमी है। इसका भाव इतना ही ग्रहण किया जा सकता है कि जैसे प्रकृति के सौन्दर्य में सूफ़ी अल्लाह का जलवा और जमाल देखता है, उसी प्रकार वह सांसारिक एकनिष्ठ और प्रबल-प्रगाढ़ प्रेम की धारा में परमात्मा के प्रेम की अन्तर्धारा का दर्शन करता है। भौतिक जगत् के प्रेम के उद्दाम प्रवाह, आकर्षण और उसकी उपलब्धि से

मिलनेवाली सुखानुभूति से परमप्रिय के प्रेमी को आभास मिलता है कि जब सौन्दर्य सागर की एक बूँद के सौन्दर्य में इतना आकर्षण और उसके प्रेम में इतनी तल्लीनता और सुख है तो उस सागर में निमग्न होने में कितने सुख की अनुभूति होगी। यह इश्क़ मजाज़ी से इश्क़ हक़ीक़ी की अनुभूति का रहस्य है।

सूफ़ी कवियों में जलाजुद्दीन रूमी ने इश्क़ मजाज़ी और इश्क़ हक़ीक़ी के राज को अच्छी प्रकार समझाने का प्रयास किया है। एक प्रसंग पर वह लिखता है कि मजनूँ रेत में अपनी उँगुलियों से कुछ लिख रहा था कि किसी ने पूछा कि तू क्या लिख रहा है। उसका उत्तर था कि लैला का नाम लिख रहा हूँ क्योंकि–

गुफ्त मश्के नामे लैली मी कुनक।
ग्वातिरे खुद रा तसल्ली मी देहम।।

अर्थात् मैं लैला के नाम का मश्क (अभ्यास) कर रहा हूँ। मैं अपने हृदय को इसी प्रकार धैर्य देता हूँ। तात्पर्य यह कि सांसारिक प्रेम भी अपनी पराकाष्ठा पर अमूर्त हो जाता है। साथ ही मूर्त शरीर के प्रेम की वास्तविक मंज़िल अमूर्त परमात्मा से प्रेम ही है। रूमी साफ़ कहता है–

हीं रिहा कुन इश्क़हाये सूरती।
वश्क बर सूरत न रूहाएसती।।
आँचे माशूकस्त सूरत नेस्ताँ।
खाह इश्क़े ई जहाँ खाँह आँ जहाँ।।[8]

(तू इन ऊपरी (बनावटी) इश्क़ को त्याग दे। रंग-रूप और मुखों के ऊपर इश्क़ नहीं होता। माशूक़ा सूरत नहीं है, चाहे इस संसार का इश्क़ हो चाहे उस संसार का।)

प्रेम की पराकाष्ठा है–प्रेमी और प्रियतम का एक हो जाना। संसार में भी 'दो शरीर एक प्राण' की कहावत दो हृदयों के मिलन के लिए प्रचलित है। परमात्मा के प्रेम में तो शरीर से नाता ही टूट जाता है और आत्मा ही परमात्मा से मिलकर परमात्मा नाम धारण कर लेता है। रूमी कहता है–

'मैं' लैला हूँ और लैला 'मैं' है। प्रत्यक्ष में दो शरीर दृष्टिगोचर है, परन्तु वास्तव में दोनों में अन्तरात्मा एक ही है।[9]

रूमी ने अपनी एक मसनवी में लिखा है कि प्रेमी ने प्रियतम का द्वार खटखटाया। भीतर से आवाज़ आयी कौन? उत्तर दिया–'मैं'। प्रियतम ने कहा इस घर में तेरे और मेरे दोनों के लिए जगह नहीं। वह वर्षों भटकता रहा। एकान्त सेवन, प्रार्थना, उपवास आदि में निरत रहा। (उसका 'मैं' (अहं) जब समाप्त हुआ।) पुनः दरवाज़ा खटखटाया। आवाज़ आयी कौन? उत्तर दिया–'तू है'। तुरन्त दरवाज़ा खुल गया। जब 'मैं' समाप्त हुआ तो दोनों का मिलन सम्भव हुआ।[10]

परमतत्त्व की प्राप्ति तभी सम्भव है जब 'अहं' का विनाश हो जाये और अहं का विनाश भी तभी सम्भव है जब हृदय में इश्क़ जाग्रत हो जाये। सांसारिक इश्क़ की दशा

में भी अहंकार नष्ट हो जाता है और इस प्रकार अहंकार-शून्य होने पर अन्तःकरण में परमप्रेम की पात्रता उत्पन्न होती है। यह भी इश्क़ मजाज़ी के इश्क़ हक़ीक़ी के सोपान कहे जाने की सार्थकता को सिद्ध करता है। जामी की एक कविता का भाव है—"इस संसार में तुम सैकड़ों उपाय कर सकते हो, लेकिन एक मात्र इश्क़ ही ऐसा है, जो तुम्हारे अहं से तुम्हारी रक्षा करेगा। दुनियाबी इश्क़ से भी तुम मुख मत मोड़ो, क्योंकि परम सत्य तक पहुँचने में वह तुम्हारा सहायक सिद्ध हो सकता है।"

फ़ारसी में जिन सूफ़ी कवियों ने प्रेमप्रधान जिन मसनवियों का सृजन किया, उनमें सांसारिक आशिक-माशूका के प्रेम के माध्यम से परम प्रेम की झलक देने का प्रयास किया गया। इसी दृष्टि से जामी की यूसुफ़ जुलेखा, लैला-मजनूँ तथा निजामी की खुसरो-शीरीं, लैला-मजनूँ आदि महत्त्वपूर्ण हैं।[11] अन्य कवियों ने भी अपनी रचनाओं में यूसुफ़ जुलेखा, फरहाद-शीरीं, लैला-मजनूँ आदि के वार्त्तालापों, मार्मिक प्रसंगों आदि को स्फुट रूप से अपने काव्य का विषय बनाया है। सभी प्रसिद्ध कवियों ने प्रेम की महत्ता का प्रतिपादन किया है। सनाई कहता है कि 'यदि तुझे अपने-आपको किसी रंग में रँगना है तो प्रेम के रंग में रँग, क्योंकि इस रंग में रँगा हुआ मनुष्य मृत्यु के बन्धनों से छूट जाता है।'[12] वह इस प्रेम के लिए 'मैं' और 'तू' के भेद को बोधक समझता है और इस भेद को माननेवाले को ईश्वरीय मार्ग में आगे बढ़ने के योग्य नहीं समझता है।[43] उमर खैय्याम प्रेम की मदिरा में मदमस्त था। उसे इस प्रेमासव की एक घूँट की ही सदैव लालसा रहती थी। उसके अनुसार प्रेम सारे द्वन्द्वों को समाप्त कर देता है। जिस हृदय में प्रेम की लगन लग गयी, वह चाहे मस्जिद में रहता हो या बुतख़ाने (मन्दिर) में रहता हो, जिसका भी नाम प्रेमियों की सूची में आ गया, उसको न तो नरक की चिन्ता है न स्वर्ग की इच्छा।[14] प्रेमी के हृदय से 'मैं' और 'तू' का भेद समाप्त हो जाता है। यह भेद एक पर्दे के कारण रहता है, वही पर्दा उठा कि न 'मैं' रहता है न 'तू'। दोनों एक हो जाते हैं।[15]

निजामी के अनुसार 'प्रेमविहीन एक साँस निकलना भी व्यर्थ है, कारण कि हमारे जीवन की साँसें गिनती की हैं।'[16] फ़रीदुद्दीन अत्तार ने प्रेम की महत्ता का प्रतिपादन बड़े ही सशक्त शब्दों में किया है—'प्रेम का एक कण भी सारे संसार से बढ़कर मूल्य रखता है और उसकी तनिक भी पीड़ा सारे संसार के आशिक़ों की पीड़ा से बढ़कर है। यह रस ही सारे जगत् का सार है, परन्तु इसमें दया का लेशमात्र भी नहीं है।'[17]

जिस रस-धारा को ईरान के सूफ़ी कवियों ने अपनी मसनवियों, दीवानों तथा अन्य स्फुट प्रसंगों में एक जीवन्त स्वरूप प्रदान किया और जिसके मद में छककर सूफ़ी साधकों ने दीन की दीवारों को फाँदकर मानव-हृदय की एकता का दर्शन किया था, जिसके वेग के सामने मस्जिद-मन्दिर की दीवारें टूटकर एक हो गयीं और शेखो बहरमिन की पाबन्दियाँ और फतवे हवा में उड़ गये वही दिव्य रस की धारा हिन्दी की सूफ़ी कविता का उपजीव्य बनी। इस धारा की शुरुआत तो हिन्दी के प्रथम कवि अमीर खुसरो से

ही हो जाती है जिसके प्रसिद्ध दोहे में प्रेम-विरह की गहरी अनुभूतियाँ हैं—

खुसरो रैन सोहाग की जागी पिय के संग।
तन मेरो मन पीउ को, दोउ भए एक रंग।।

अपने मुरशिद निज़ामुद्दीन औलिया के शरीरान्त पर उन्होंने कहा था—

गोरी सोवे सेज पर मुख पर डारे केस।
चल खुसरो घर आपने रैन भई चहुँ देस।।

पर इस रस-धारा का मुकम्मल रूप हमें दाऊद, कुतुबन, जायसी, मंझन आदि की आख्यानपरक काव्य-रचनाओं में मिलता है जिनमें इश्क़ मजाज़ी को आधार बनाकर इश्क़ हक़ीक़ी का बोध कराने की सफल चेष्टा की गयी है।

इन रचनाओं में सूफ़ी सिद्धान्त और साधना के अन्य कोई तत्त्व नहीं हैं, यदि कोई तत्त्व इन्हें सूफ़ी रचना घोषित करनेवाला है तो वह इनमें निरूपित प्रेमतत्त्व ही है। इनके द्वारा सांसारिक प्रेम की व्यंजना ऐसे मनोयोग से हुई है कि वह एक लौकिक काव्य की दृष्टि से भी उनकी रचना को उच्च धरातल प्रदान करता है, साथ ही सूफ़ी रंग में रँगे मस्तमौला फ़क़ीरों को प्रेम की आध्यात्मिक तृप्ति भी प्रदान करता है। यही कारण है कि दाऊद की 'चन्दायन' जो लोरिक और चन्दा की प्रसिद्ध लोककथा पर आश्रित प्रेमाख्यान है और जिसमें कहीं से भी सूफ़ी साधना की गन्ध नहीं आती, धर्मग्रन्थ के रूप में दरवेशों के बीच पढ़ा जाता था।

'चन्दायन' में निरूपित प्रेम के अन्तर्गत अवसर पाकर कवि शाश्वत के प्रति प्रेम और विरह की व्यंजना करने से नहीं चूकता है : लोरिक जब चन्दा से अपने प्रेम के रंग में रँगने की बात कहता है तो उत्तर में वह प्रेम-परख की कसौटी बताते हुए कहती है—

जउन सहइ सिर खांडइ घाऊ।
रंग रती एक होइ न काऊ।।
अगिनि भार बिनु रंग न होई।
जेहिं रंग होइ अवटि मर सोई।।
अन न रुच रंग बेधा, जाइ नींदि निसि जाग।
मोट थूल तू लोरिक कह कइसें रंग लाग।।

(चन्दायन 207)

इस रंग में रँगने के लिए सिर पर खड्ग की धार सहनी पड़ती है। अग्नि की लपटों में जलना पड़ता है। इस रंग में रँगनेवाले को उसी अग्नि में मरना पड़ता है। बिना 'मरण' के यह रंग किसी को लग ही नहीं सकता। लोरिक! तू तो मोटा और स्थूल है, (अभी विरह में काँटा नहीं हुआ) कैसे माना जाये कि तू विरह के रंग में रँग गया है। यह पूरा प्रसंग ही इसी प्रकार प्रेम के लिए विरह की तड़पन, सांसारिक आकांक्षाओं की

दृष्टि से पहले 'मरण' और स्थूल शरीर की अपेक्षा प्रेम को सूक्ष्म तत्त्व दृष्टि से देखने की ओर संकेत करता है।

कुतुबन की 'मृगावती' कालक्रम में दूसरी सूफ़ी प्रेमाख्यानक कृति है। इसमें प्रेम कहानी तो है ही, साथ ही प्रेम की दिव्यता का वर्णन भी कवि प्रसंगानुसार करता रहता है। वह भी प्रेम के लिए सांसारिक दृष्टि से 'मरण' आवश्यक समझता है—

दाधा होइ सो जानइ पीरा।
दिया जानइ जेहि दगध सरीरा।।
जरि-जरि मरइ सो मरि-मरि जीअइ।
सो पै प्रेम सुरा रस पीअइ।।

(मृगावती, 216)

प्रेम की महत्ता और उसकी कठिनाई दोनों का बखान करते हुए कुतुबन कहता है—

प्रेम उत्तंग ऊँच गढ़ अहा। बाउर सोइ जो बिनु दुख चहा।
प्रेम खेल जो चाहइ खेला। सिर सेउँ खेल जीउ पर हेला।
कुतुबन कंगुरा प्रेम का ऊँचा अति रे उतंग।
सीस न दीजै पाव तर कर न पहूँचइ खंग।।

(मृगावती, 194)

मलिक मुहम्मद जायसी ने अपनी प्रसिद्ध रचना 'पदुमावति' में प्रेम-सिद्धान्त को एक ऐतिहासिक कथा के माध्यम से लौकिक और पारलौकिक दोनों सन्दर्भों से जोड़ते हुए विविध साधना-मार्गों एवं धर्म-दर्शनों के एकीकरण द्वारा एक शाश्वत और सार्वभौम स्वरूप प्रदान किया।

जायसी स्पष्ट कहते हैं कि—

भलेहि पेम है कठिन दुहेला। दुइ जग तरा पेम जेइं खेला।

(पदु. 89)

इसकी कठिनता मामूली नहीं है। इस मार्ग पर चलना भी सबके वश का काम नहीं है—

पेम पहार कठिन विधि गढ़ा। सो पै चढ़ै सीस सों चढ़ा।
पँथ सूरिन्ह कर उठा अँकूरू। चोर चढ़इ कि चढ़ै मंसूरू।।

इस मार्ग पर अग्रसर होने के लिए प्रियतम के विरह की तड़पन चाहिए और यह तड़पन बिना गुरु के सम्भव नहीं है—

गुरु बिरह चिनगी पै मेला। जो सुलगाइ लेइ सो चेला।

(पदु. 125)

स्वयं प्रेम का कवि मलिक मुहम्मद जायसी प्रेम की दीवानगी में सूखकर काँटा हो गया है। उसे देखकर लोग हँसते थे और उसकी अन्तर्कथा सुनकर लोगों की आँखों में आँसू आ जाते थे। (पदु. 23) उस कवि ने इस कथा को अपने ख़ून की लेई से जोड़कर

बनाया था और प्रगाढ़ प्रीति के जल से भिंगो-भिंगोकर इसके जोड़ को पोढ़ किया था। (पदु. 652)

जायसी प्रेम को ईश्वरीय तत्त्व मानते हैं। उनकी स्पष्ट घोषणा है—

मानुष पेम भएउ बैकुंठी। नाहित काह छार एक मूठी।

तात्पर्य यह कि हिन्दी सूफ़ी कवियों की प्रेम कथाएँ और उनमें निरूपित प्रेमतत्त्व सूफ़ी तत्त्वचिन्तकों के उद्घोषों और फ़ारसी प्रेम-मसनवियों के ही क्रम में है और उसमें भारतीयता का रंग उनका अपना निजी वैशिष्ट्य है।

सन्दर्भ

1. 'परमात्मा सचमुच रस-स्वरूप है। आत्मा इस रसमय परब्रह्म को पाकर ही आनन्दयुक्त होता है। जब तक इस आनन्दस्वरूप ब्रह्म से इसका संयोग नहीं होता इसे आनन्द की प्राप्ति नहीं होती। तैत्तरीय उपनिषद् 2/7
2. तसव्वुफ़ अथवा सूफ़ीमत : चन्द्रबली पाण्डे, 116।
3. सूफ़ीमत-साधना और साहित्य : रामपूजन तिवारी, पृ. 610।
4. वही, पृ. 310।
5. वही, पृ. 313।
6. कश्फुल महजूब : अलहुज्वेरी, पृ. 376-377।
7. तसव्वुफ़ अथवा सूफ़ीमत : चन्द्रबली पाण्डे, पृ. 121।
8. ईरान के सूफ़ी कवि, पृ. 181।
9. वही, पृ. 180।
10. सूफ़ीमत-साधना और साहित्य : रामपूजन तिवारी, पृ. 311।
11. सूफ़ीमत-साधना और साहित्य : रामपूजन तिवारी, (लिटरेरी हिस्ट्री आफ परशिया से उद्धृत), पृ. 117।
12. ईरान के सूफ़ी कवि, पृ. 44।
13. वही, पृ. 34।
14. वही, पृ. 53।
15. वही, पृ. 71।
16. वही, पृ. 100।
17. वही, पृ. 110।

6
फ़ना और बक़ा

प्रेम की ज्योति अन्तःकरण में जगाये हुए, विरह में जलता हुआ साधक भावोल्लास की दशा में पहुँचता है और संसार की समस्त सत्ता का उसे विस्मरण हो जाता है। उसका 'अहं' मिट जाता है और वह जीवन रहते ही मृत जैसा हो जाता है। सांसारिक दृष्टि से यह उसका मरण है। सूफ़ी दर्शन में इसे 'फ़ना' कहा जाता है। बहुत दिनों तक उसे सूफ़ी साधना का चरम लक्ष्य समझा जाता था। यही वह अन्तिम अवस्था है जिसके लिए जीव बेचैन रहता है। इसकी उपलब्धि के पश्चात् आत्मा का परमात्मा से तादात्म्य हो जाता है। आगे चलकर नवीं शताब्दी के सूफ़ी चिन्तक अल-सर्राज ने फ़ना से आगे की अवस्था' 'बक़ा' को माना और उसे ही सूफ़ी का चरम लक्ष्य बताया।

'फ़ना' की व्याख्या साधारणतः उस अवस्था के रूप में की गयी है जिसमें मनुष्य के सांसारिक विषय-विकार, आकांक्षाएँ-एषणाएँ और समस्त द्वन्द्व समाप्त हो जाते हैं। उसके 'अहं' का पूर्णतः विनाश हो जाता है। इसलिए सूफ़ी 'मैं' के समाप्त होने की बात तरह-तरह से करते हैं। इसके बाद 'बक़ा' की स्थिति आती है जिसमें परमात्मा के साथ उसका तादात्म्य या विलय हो जाता है और उसी महामिलन की अवस्था में वह रहने लगता है।

निकोल्सन ने फ़ना की व्याख्या करते हुए लिखा है–'यह आत्मा की वह विकास-दशा है जब उसकी सारी इच्छाएँ, सभी स्वार्थ और सभी सांसारिक मोह विनष्ट हो जाते हैं। इस प्रकार वह अपने 'मैं' के चिन्तन से विरत हो जाता है और उसकी चिन्ता स्वयं परमात्मा करने लगता है। इस प्रकार दोनों एक हो जाते हैं।[1]

फ़ना की अवस्था प्राप्ति के चार स्तर माने जाते हैं–

(1) सभी वासनाओं और आकांक्षाओं का विनाश को प्राप्त होना और इसके द्वारा आत्मा का नैतिक रूपान्तर होना।

(2) परमात्मा के गुणों के चिन्तन द्वारा सभी दीख पड़नेवाली वस्तुओं, सभी चिन्ताओं, सभी कर्मों और सभी वासनाओं का मन से मिट जाना।

(3) समस्त चैतन्य शक्ति का निष्क्रिय होना।

(4) फ़ना की अन्तिम अवस्था का प्राप्त होना, जिसमें फ़ना की प्राप्ति का ज्ञान भी चला जाता है। इसी को 'फ़ना-अल-फ़ना' कहते हैं।[2]

पहले यही अवस्था प्राप्त करना सूफ़ी का परम लक्ष्य माना जाता था। पर इस्लाम की अनुरूपता में लाने में बाद के विचारकों ने 'बक़ा' की कल्पना की जिसे इसके बाद की स्थिति कहा गया। मोटे तौर पर 'फ़ना' में अहं भाव समाप्त होकर साधक सांसारिकता के बन्धनों से छूट जाता है और 'बक़ा' में वह परमात्मा के एकत्व की अनुभूति में जीता है। मंसूर हल्लाज इसी अवस्था में पहुँचा था।

ईरान के सूफ़ी कवियों के काव्य में 'फ़ना' की स्थिति के अनेक चित्र मिलते हैं पर पूर्ण एकत्व की स्थिति का उनमें वर्णन प्रायः नहीं मिलता है। हिन्दी के सूफ़ी कवियों ने 'फ़ना' को मरण या मरजीया शब्द द्वारा व्यक्त किया है और इसके आगे वे प्रेमी-प्रेमिका के अद्वय मिलन (सम्भोग) के वर्णन द्वारा उस तादात्म्य या एकत्व की स्थिति का आभास देते हैं जिसे 'बक़ा' की अवस्था का द्योतक कहा जा सकता है।

मरजीया दशा

हिन्दी के सूफ़ी कवियों ने फ़ारसी काव्य-परम्परा से प्रेमतत्त्व को ग्रहण किया और उसी को सांसारिक कल्याण का साधन माना। फ़ारसी के सूफ़ी कवियों ने संसार की नश्वरता पर दृष्टिपात किया। लौकिक सौन्दर्य को विद्रूपता, यौवन को वृद्धत्व एवं जीवन को मृत्यु में परिवर्तित होते हुए उन्होंने देखा। हर पीढ़ी मृत्यु को देखती है, अपने पूर्व पुरुषों की नश्वरता को समझती है, पर इस मृत्यु और नश्वरता से मुक्ति पाने का मार्ग ग्रहण नहीं करती।[3] इसी के लिए सूफ़ियों ने जीवन में ही मृत्यु की साधना करने का आग्रह किया है। उन्होंने कहा है कि सांसारिक वासनाओं, इन्द्रिय-सुखों, राग-द्वेषों एवं आत्म पर के भावों के समुच्चय का नाम जीवन है। यदि जीव, ब्रह्म के प्रेम में इतना तल्लीन हो जाये कि उसे संसार का ध्यान ही न रहे, तो वह जीवन रहते ही जीवन के बन्धनों से मुक्त हो जाता है। उसकी विषय-वासनाएँ, भोग-लालसाएँ तथा अपने-पराये के भेद-भाव मर जाते हैं। इस प्रकार, जो व्यक्ति सांसारिक प्रलोभनों को मारकर प्रेममार्ग ग्रहण करता है, उसके पास मृत्यु नहीं जाती और न ही वह मृत्यु से डरता है।

उमर खैय्याम का कहना है कि "मृत्यु का भय और विनाश का डर केवल तुझी को है, वरना विनाश वह वस्तु है, जिससे अमरत्व का अंकुर फूटता है। ईसा की कृपा से मेरे प्राणों को वह शक्ति प्राप्त हो गयी है कि मृत्यु आकर और जीवन से निराश होकर लौट गयी। मेरा सांसारिक अस्तित्व मिट गया है और मृत्यु अब मेरे निकट आकर ले ही क्या सकती है?"[4] मृत्यु पर विजय प्राप्त करने के लिए अपने और पराये के भेदभाव को समाप्त करना आवश्यक होता है। सूफ़ी कवि शब्सतरी ने इस सम्बन्ध में लिखा है कि "अस्तित्व स्वर्ग के समान है और यह संसार नरक के समान है। दोनों के बीच 'मैं' और 'तू' एक निर्दिष्ट सीमा के समान खड़े हैं। जब यह भेदभाव मिट जायेगा, तब धर्म और दीन की आज्ञाएँ भी शेष न रहेंगी। जब 'मैं' और 'तू' तेरे बीच में न रह जायेंगे, तब मन्दिर-मस्जिद-गिरजा सब तेरे लिये समान हो जायेंगे। तेरे मन में केवल यही भ्रम 'मैं' और 'तू' घुसा हुआ है। जिस समय यह भ्रम मिट जायेगा तू निर्मल हो जायेगा।"[5]

प्रेमी साधक की इसी अवस्था के सम्बन्ध में जामी का कहना है कि "हे ईश्वर! मेरी सहायता कर, जिससे मेरा अहंकार मिट जाये। तू इतनी कृपा मेरे ऊपर दिखला दे कि जिससे अपनेपन को भूलकर मैं मतवाला हो जाऊँ एवं ख़ुदी और मस्ती में किसी प्रकार का अन्तर न ज्ञात कर सकूँ। जब मनुष्य इस अवस्था में पहुँच जाता है, तब वह पूर्ण उदासीन हो जाता है और उसका बाह्य धर्म इत्यादि से कोई सम्बन्ध नहीं रह जाता। ऐसा मनुष्य स्वयं किसी प्रकार का अस्तित्व न रखकर ब्रह्मस्वरूप हो जाता है। पूर्ण योगी वही होता है, जिसमें ईश्वर के अतिरिक्त और किसी प्रकार की भावना नहीं रहती।"[6]

फ़ारसी के प्रायः सभी सूफ़ी कवियों ने जीवन में मरण-साधना के इस तत्त्व का किसी-न-किसी रूप में प्रतिपादन किया है। जीवन में अमरत्व-प्राप्ति की साधना इन कवियों को कहाँ से प्राप्त हुई, यह एक विचारणीय विषय है। फ़ारस के इन सूफ़ी कवियों के आविर्भाव के पूर्व ही सूफ़ी तत्त्व-चिन्तकों पर बौद्ध और हिन्दू प्रभाव पड़ चुके थे। अतः इस बात की पूरी सम्भावना है कि सूफ़ी कवियों के इस तत्त्व को हिन्दू-दर्शन ने प्रभावित किया होगा। हिन्दू-दर्शन में प्राप्त 'जीवन्मुक्ति' तथा सूफ़ियों की इस 'मरजीया दशा' में बड़ा साम्य है। 'जीवन्मुक्ति' का वर्णन उपनिषदों एवं सन्तों की रचनाओं तक में प्रवहमान् परम्परा के रूप में मिलता है।

उपनिषदों में जीव की ब्राह्मी स्थिति अथवा जीवन्मुक्तावस्था का प्रचुर वर्णन मिलता है। 'वृहदारण्यकोपनिषद्' में कहा गया है : अकामो निष्काम आप्तकाम आत्मकामो न तस्य प्राणा उत्क्रमन्ति ब्रह्मैवसन् ब्रह्माप्येति।[7] अर्थात् अकाम, निष्काम, आप्तकाम एवं आत्मकाम पुरुष के प्राण उत्क्रमित नहीं होते, वह इसी जीवन में ब्रह्ममय रहकर ब्रह्मत्व को प्राप्त करता है।' 'कठोपनिषद्' के दो श्लोकों में इस अवस्था के सम्बन्ध में कहा गया है :

यदा सर्वे प्रमुच्यन्ते कामा येऽस्य हृदिश्रिता।
अथ मर्त्योऽमृतो भवत्यत्र ब्रह्म समश्नुते।।
यदा सर्वे प्रभिद्यन्ते हृदयेऽस्य ग्रन्थयः।
अथ मृतोऽमृतो भवत्येतावद्ध्यनुशासनम्।।[8]

अर्थात् जिस समय जीव सम्पूर्ण कामनाओं से मुक्त हो जाता है, उस समय मृतक के समान होकर अमर हो जाता है और इस शरीर से ही ब्रह्मभाव-सम्पन्न हो जाता है तथा इस जीवन में ही हृदय की सम्पूर्ण ग्रन्थियों को काटकर मृतक समान होकर वह अमर हो जाता है।

ऐसा जीवन्मुक्त जीव सुख-दुःख के भाव से विरत रहता है : जीवन्मुक्ता न मज्जन्ति सुखदुःखरसस्थिते।[9]

श्रीमद्भगवद्गीता में भी स्थितप्रज्ञ, त्रिगुणातीत और ब्राह्मी स्थिति-प्राप्त पुरुष का वर्णन किया गया है। ये पुरुष तात्त्विक दृष्टि से वही हैं, जिन्हें जीवन्मुक्त कहा गया है। ऐसे पुरुष सांसारिक बन्धनों से मुक्त होकर संसार में उसी प्रकार रहते हैं, जिस

प्रकार जल में कमल रहता। ये राग-द्वेष, सुख-दुःख और आत्म-पर से विमुक्त जितेन्द्रिय पुरुष होते हैं—

यतेन्द्रियमनोबुद्धिर्मुनिर्मोक्षपरायण;
विगतेच्छाभयक्रोधो यः सदा मुक्त एव सः।।[10]

स्थितप्रज्ञ के लक्षणों को बताते हुए गीता में कहा गया है—

दुःखेष्वनुद्विग्नमनाः सुखेषु विगतस्पृहः।
वीतरागभयक्रोधः स्थितधीर्मुनिरुच्यते।।
यः सर्वत्रानभिस्नेहस्तत्तत्प्राप्य शुभाशुभम्।
नाभिनन्दति न द्वेष्टि तस्य प्रज्ञा प्रतिष्ठिता।।[11]

अर्थात् दुःखों की प्राप्ति में उद्वेगरहित मनवाला, सुखों की प्राप्ति की स्पृहा से दूर तथा राग, भय, क्रोध से हीन व्यक्ति स्थिरबुद्धि कहा जाता है। जो व्यक्ति सर्वत्र स्नेहासक्ति से रहित होकर शुभ-अशुभ वस्तुओं की प्राप्ति पर न प्रसन्न होता है न द्वेष करता है, वह स्थिरबुद्धि कहा जाता है।

जीवन्मुक्ति का यह तत्त्वज्ञान जो उपनिषदों और गीता आदि में प्रतिपादित हुआ तथा जिसे अनेक साधकों ने अपने जीवन में सिद्ध किया, उसका वर्णन षड्दर्शनों तथा योगियों-सन्तों की रचनाओं में भी मिलता है। सांख्यदर्शन के अनुसार पुरुष और प्रकृति का सम्बन्ध भासमान एवं आरोपित है। जब विवेक-बुद्धि से पुरुष अपने स्वरूप को पहचान लेता है, तब उसे सांसारिक भाव प्रभावित नहीं कर पाते हैं और वह कैवल्य (मोक्ष) प्राप्त कर लेता है। योगदर्शन, चार पादों का वर्णन करता है : समाधिपाद, साधनपाद, विभूतिपाद और कैवल्यपाद। यह चौथा कैवल्यपाद योगी की जीवन्मुक्तावस्था ही है। इस अवस्था में पहुँचकर योगी कर्म-संस्कार और कर्म फल के प्रभाव से मुक्त होकर समत्वभावसम्पन्न और अविचलित रहता है। अद्वैत-वेदान्त में जीव जब अद्वैतावस्था में पहुँचकर 'अहं ब्रह्मास्मि' की स्थिति में हो जाता है तथा ज्ञान की पराकाष्ठा पर पहुँचकर ज्ञाता और ज्ञेय के प्रतिभासित अन्तर को भूल जाता है, तब वह जीवन्मुक्त हो जाता है।

इस अवस्था का वर्णन बौद्धधर्म और उनकी शाखाओं, उपशाखाओं में निर्वाण के रूप में हुआ है। 'निर्वाण' का अर्थ है मनुष्य की वासना और घृणा की निम्न प्रकृति का विनाश।[12] बौद्धों की यह निर्वाण-भावना बौद्ध दर्शन ग्रन्थों में अत्यन्त विस्तार के साथ विवेचित हुई है। आगे चलकर यही भावना अन्य कई रूपों में प्रकट हुई। इसी का विकसित रूप 'महासुखावस्था' और 'बोधिसत्त्व' आदि के रूप में देखने को मिलता है। जीवन्मुक्त जीव सिद्ध हो जाता है और निर्वाण-प्राप्ति की अभिलाषा से वह 'बोधिचित्त' होता है। उस समय से ही उसके लिए संसार में कुछ भी ऐसा नहीं रहता, जो वह न कर सके।

सूफ़ियों पर फ़ारस में ही बौद्धधर्म की संन्यासवृत्ति का प्रभाव पड़ चुका था। इनके 'फ़ना' और बौद्धों के 'निर्वाण' में अत्यधिक समानता है।[13] बौद्धधर्म में निर्वाण या जीवन्मुक्ति की जिस दशा का वर्णन मिलता है, वह एक ओर तो भारत के बाहर ईरान के मुसलमान सूफ़ी कवियों को प्रभावित करता है और दूसरी ओर भारत के अन्दर ही वज्रयानी सिद्ध, नागपन्थी योगी और हिन्दी के सन्त-कवि इससे प्रभावित होते हैं। सिद्धों द्वारा वर्णित सहजावस्था वस्तुतः जीवन्मुक्त अवस्था ही है। यह अवस्था विषयत्याग और तत्त्व-दर्शन से प्राप्त होती है तथा अत्यन्त दुर्लभ है।[14]

नाथपन्थ में भी सांसारिक बन्धन से मुक्त होने के लिए जीवन्मुक्तावस्था का ही वर्णन किया गया है। नाथों के अनुसार जब योगी 'नाथ-स्वरूप में अवस्थित होता है, तब उसे जीवन्मुक्त कहते हैं।[15] 'नाथ'-स्वरूप में अवस्थित होकर जीवन्मुक्ति प्राप्त करने के लिए देह-त्याग आवश्यक नहीं है, चित्त की साम्यावस्था मात्र से ही योगी जीवन्मुक्त हो जाता है :

चित्ताचिते समीभूते जीवन्मुक्तिरिहोच्यते।
यत्र स्वभावसद्भावो भाषितुं नैव शक्यते।।[16]

गोरखनाथ ने कहा है कि जिस साधक के जीवित रहते ही उसके प्राण विलीन हो जाते हैं, उसका शरीरपात नहीं होता और चित्त दोषों से मुक्त हो जाता है—

यस्य प्राणा विलीयन्ते साधके सति जीवति।
पिण्डो न पतितस्तस्य चित्तं दोषैः प्रमुच्यते।।[17]

हिन्दी के सन्त कवियों ने भी परम्परा से इस जीवन्मुक्ति के तत्त्व का वर्णन किया है। कबीर ने इस तत्त्व का बार-बार उल्लेख किया है। उनके अनुसार जो व्यक्ति अपने अहंभाव को त्यागकर जीवन्मुक्त हो जाता है, वही ब्रह्म को पाता है और अजर-अमर होता है—

कबीर जीवन थैं मरिबौं भलो, जौ मरि जाणैं कोइ।
मरनै पहली जौ करै, तो कलि अंजरावर होइ।।[18]

इस प्रकार, जब मन की गति सांसारिक विषयों से फिर जाती है अथवा उलट जाती है, तब साधक को सांसारिक प्रलोभन और भोगादि से विरक्ति हो जाती है। इस अवस्था में यह समझना चाहिए कि वह जीवित रहते हुए भी मर चुका है—

अब मन उलटि सनातन हूवा। तब हम जाना जीवत मूवा।।

अथवा

कबीर खरी कसौटी राम की, खोटा टिकै न कोय।
राम कसौटी सौ टिकै, जीवतमृतकके होइ।।[19]

इसी भाव को अन्य सन्तों ने भी प्रकट किया है। जीते जो देह-गुण छूट जाता है और जीव सम्पूर्ण कर्मबन्धनों से मुक्त हो जाता है, उसे ही जीवन्मुक्त कहते हैं—

दादू जीवन छूटैं देहगुण, जीवन मुकता होइ।
जीवत काटै करम सब, मुकति कहावै सोइ।।[20]

दादूदयाल ने जीवन्तमृतकता पर बहुत सी साखियाँ लिखी हैं। उनके अनुसार इसका लक्षण इस प्रकार है—

दादू मृतक तबही जांणिए, जब गुण यन्द्री नांहि।
जब मन आपा मिटी गया, तब ब्रह्म समाना मांहि।।[21]

उनके अनुसार वही जीवन्तमृतकता ही मनुष्य के लिए साध्य है—

दादू जीवत ही मरि जाईए, मरि माहै मिली जाइ।
सांई का संग छाड़ि करि, कौण सहै दुष आइ।।[22]

सन्त चरणदास ने जीवन्मुक्तावस्था को अद्वैतावस्था बतलाया है—

जब हो एक दूसरा नासै।
बन्ध मुक्ति की रहै न सांसै।।[23]

यह गति कर्मरहित स्थिरगति है। यह दशा तभी प्राप्त होती है, जब जीव जीवित रहते हुए मृत्यु को साध लेता है—

मृतक अवस्था जीवत आवै।
करम रहित अस्थिर गति पावै।[24]

हिन्दी-सूफ़ी काव्य में इस अवस्था का वर्णन प्रभूत मात्रा में मिलता है। इसके तत्त्व सूफ़ीमत में 'फ़ना' की भावना विद्यमान थे। 'फ़ना' की स्थिति में जीव का अहं मर जाता है और वह भौतिक जीवन में मृतक होकर ब्रह्मलीन-सा 'बक़ा' की स्थिति में जीता है।[25] साथ ही हिन्दी के सूफ़ी कवियों ने बौद्धों की निर्वाण-भावना, वज्रयानी सिद्धों एवं नाथपन्थी योगियों से इस दिशा में प्रभाव ग्रहण किया है। इनमें हठयोग आदि की साधना के द्वारा सिद्ध योगियों की भाँति तथा प्रेमयोग द्वारा सूफ़ियों की भाँति मरजीया दशा प्राप्त करने के उल्लेख मिलते हैं। डॉ. वासुदेवशरण अग्रवाल के अनुसार विशुद्ध ज्ञान की प्राप्ति के लिए पहले मानव की मृत्यु हो जानी आवश्यक है। इसका तात्पर्य यह है कि उसमें जो पशुभाव है, उसका सर्वथा लोप हो जाना चाहिए। शरीर और मन से वह इतना शुद्ध हो जाये कि पाशविक प्रवृत्तियों के दोष दूर से भी उसका स्पर्श न कर सकें। यही सहजयान की परिभाषा में सच्चा मरण है, जिसे जायसी ने बार-बार 'मरजीया' भाव कहा है।[26] डॉ. माताप्रसाद गुप्त ने जायसी के जीवन-दर्शन की मूल भावना, उनकी मरण-साधना को माना है तथा जायसी द्वारा वर्णित हठयोग-प्रधान एवं प्रेमयोग-प्रधान दोनों ही मरण-साधनाओं का उन्होंने विवेचन किया है।[27]

सूफ़ियों और समकालीन सन्तों में समान रूप से इस मरण-साधना के सन्दर्भ का विद्यमान होना तथा पूर्ववर्ती भारतीय दर्शन और साहित्य में इसके मूल तत्त्व का उपस्थित होना इस बात को प्रमाणित करता है कि इस दिशा में जायसी आदि सूफ़ी

कवि तथा कबीर आदि सन्त-कवि मूलतः एक ही स्रोत से प्रभावित हुए हैं। सन्तों ने इस मुक्तावस्था को 'जीवन्मृतकता' कहा है। इसके अनुरूप ही सूफ़ियों ने उसे 'मरजीया दशा' कहा है, उनके द्वारा वर्णित इस अवस्था के लक्षण भी परस्पर बहुत साम्य रखते हैं। हठयोग द्वारा इस अवस्था की प्राप्ति का जो वर्णन हिन्दी-सूफ़ी कवियों ने किया है, वह निर्विवाद रूप से उन पर सिद्ध की रचनाओं एवं साधनाओं का प्रभाव है।

जायसी की रचनाओं के अध्ययन से पता चलता है कि भगवान् बुद्ध की भाँति उन्हें जरा और मरण के कारण संसार में असारता का भान होता है। उनके अनुसार, नश्वर जीवन की सार्थकता प्रेम करने में है। उस परम शक्ति का प्रेम प्राप्त करना बड़ा कठिन है। इसके लिए जीवन की सभी एषणाओं को समाप्त करना और सभी कामनाओं पर विजय प्राप्त करना आवश्यक होता है। भारतीय ऋषियों और सन्तों की जीवन्मुक्तावस्था तथा सूफ़ी सन्तों की 'फ़ना' की अवस्था द्वारा हिन्दी के सूफ़ी कवियों ने जीवन में ही मृत्यु को साधने का सन्देश दिया है। इसके बिना प्रेम के मार्ग पर अग्रसर होना कठिन है। 'पदुमावति' में जब रत्नसेन पद्मावती के प्रेम में विह्वल होकर सिंहल के मार्ग में समुद्र-तट पर पहुँचता है और समुद्र के राजा गजपति से उसकी भेंट होती है, तब गजपति समुद्र-मार्ग के बीहड़पन का उससे वर्णन करता है। उत्तर में रत्नसेन अपनी जीवन्मुक्तता या मरजीया दशा का संकेत करते हुए कहता है—

गजपति यह मन सकती सीऊ। पै जेहि पेम कहां तेहि जीऊ।
जौ पहिले सिर दै पगु धरई। मुए केर मीचुहि का करई।।[28]

साथ ही, वह इस दशा का विस्तार करते हुए कहता है कि जिसने अपार-प्रेम-समुद्र का अवगाहन किया, वह हंस की भाँति उसे तिर जाता है। मैं इस समुद्र में मृत होकर बहूँगा और मेरा प्रेम पानी की कला का होगा। मुझ मृतक को प्रेम जहाँ चाहे बहा ले जाये या प्रेममार्ग में मुझे कोई जल-जन्तु खा जाये, मुझे इसकी परवाह नहीं। इस समय तो आकाश मानो मेरा शीश है, मेरा धड़ ही धरती है, मेरे हृदय का प्रेम ही मानो समुद्र है और नेत्र कौड़िया पक्षी के समान हैं, जो उस प्रेम-समुद्र की मोती की बूँदें ले-लेकर ऊपर उड़ते हैं और उसे ऊपर से (आँसू-रूप में) गिरा देते हैं।[29]

इस प्रसंग में कवि ने मरजिया के लक्षणों की ओर भी संकेत किया है। मरजिया न मृत्यु से डरता है, न उसे काया और माया का बन्धन बाँध पाता है और न उसे सम्पत्ति का लोभ सताता है :

औ न खाहिं ओहि सिंघ सदूरा। काठहु चाहि अधिक सो झूरा।।
काया माया संग न आथी। जेहिं जिय सौंपा सोई साथी।।
जौ कुछ दरब अहा संग दान दीन्ह संसार।
का जानी केहिं के सत, दैय उतारै पार।।[30]

अन्त में, रत्नसेन ने इस नश्वर जीवनवाले संसार में सफलता प्राप्त करने में, सफल साधु पुरुष के लिए जीते जी मरना आवश्यक बताया है—

एहि जीवन के आस का जस सपना तिल आधु।
मुहम्मद जियतहिं जे मरहिं तेइ पुरुष कहु साधु।।[31]

सूफ़ी प्रेमाख्यानकार कवियों ने 'मरजीया' शब्द का निरन्तर प्रयोग किया है। इस शब्द के प्रयोग और इसे एक विशिष्ट रूढ़ि के साथ प्रस्तुत एवं प्रचलित करने का श्रेय मलिक मुहम्मद जायसी को है, पर मरण-साधना की इस दशा का वर्णन उनके पूर्ववर्ती सूफ़ियों में भी बराबर मिलता है। दाऊद के 'चन्दायन' में इसका उल्लेख प्राप्त होता है। लोरिक चाँद के धवलगृह पर चोरी से चढ़ जाता है तब चाँद उससे कहती है—

मींचु टारि तूं आतेसि कइसेंइ मेटि न जाइ।
पाउ धरहिं तोहिं बिस्तर जाइहिं जीउ गंवाइ।।[32]

बिस्तर पर पैर रखने पर तू प्राण गँवाकर ही जायेगा। इस बात को सुनकर प्रेमी लोरिक अपनी जिस दशा का वर्णन करता है, वह उसकी मरणदशा ही है :

"जउ लहि जीउ घट महंहि होई। तउ लगि सरगि न आवइ कोई।।
परथमि मानुस जीउ गंवावइ। तउ पाछें चढ़ि सरगेहिं आवइ।।
मरि कइ चाँद सरगिं हउ आवा। जउ जिउ होई डराइ डरावा।।
हउं तउ मारिउं जउहिं तूं देखी। तोहि देखि धनि मुइउं बिसेखी।।
मुएं जो मारइ सो कस आहा। चाँद मुए कर मारब काहा।।
देखि रूप जिउ दीन्हां तउ आएउं तोहि पासि।
रहे नैन जेहिं देखउं रहइ जियहु लइ साँस।।[33]

इसी प्रकार, कुतुबन ने 'मृगावती' में भी इस दशा का चित्रण किया है। कंचनपुर में पहुँचकर जब योगी राजकुँवर मृगावती के परमरूप को देखता है और मूर्च्छित हो जाता है, तब मृगावती की सखियाँ उसे पतंग के समान दीपक पर बार-बार जलनेवाला मूर्ख कहती हैं।[34] उस समय राजकुँवर उनसे मरण-साधना की विशेषता तथा उससे प्राप्त अद्भुत शक्ति का वर्णन करता है—

"दाधा होइ सो जानइ पीरा। दिया जानइ जेहि दगध सरीरा।।
जरि-जरि मरइ सो मरि-मरि जिऔ। सो पै पेम सुरा रस पिऔ।।
बिरुला यह रस पावइ कोई। जो यह पाव अमर होइ सोई।।
समुन्द तरंति चढ़ंति गिरि झंप हुतासन लिंति।
प्रेम सुरा जिनि अंचई सो किअ-किअ न करंति।।[35]

राजकुँवर द्वारा धृष्टतापूर्वक प्रेम की चर्चा सुनकर रानी मृगावती जब उसे प्राणदण्ड का भय दिखाती है, तब वह अपनी मरणदशा का संकेत करते हुए कहता है—

"जौ जिउं होइ तो करौं मरोहू। मोहि अपने जिउ कर नहिं छोहू।।
मैं आपन जिय तहियइं काढ़ा। प्रेम प्रीति रस जेहि दिन बाढ़ा।।
प्रेम लाइ में जिउ परिछेवा। भंवर मरइ पै छाड़ केवा।।"[36]

"राजा मुएहि न मारइ काऊ। मुएं के मारे किछु नहि साऊ।।
तेहि दिन मुएउं पेम जौ खेला। साँप के मुँह अंगुरी जो मेला।
जौ जिउ होइ तो मरइ डराऊं। सांस जीभि लै खिनक रहाऊँ।।"[37]

मलिक मुहम्मद जायसी ने जीवन्मृतकता का सबसे अधिक चित्रण किया है और इसे एक व्यवस्थित रूप प्रदान किया है। प्रेमयोगी मरजीया बनकर ही प्रेम-मार्ग में सफल होता है। वह ऐहिक जीवन की दृष्टि से मरकर तात्त्विक दृष्टि से अमर हो जाता है, तभी वह भँवरे के समान कमल के रस का पान करने में समर्थ होता है—

ताकहं गुरू करै अस माया। नव अवतार देइ नै काया।।
होई अमर अस मर कै जिया। भंवरकमल मिलिकै मधु पिया।।[38]

मरजीया ऐहिक राग-द्वेष के प्रति मृत या अनासक्त होता है। राजा रत्नसेन पद्मावती के लिए मरजीया बन चुका था, पद्मावती भी बिछुड़ जाती है, तव वह रोने लगता है। उस पर समुद्र उसकी मृतकता का स्मरण दिलाता हुआ कहता है—

"जौं तू मुवा कस रोवसि खरा। न मुआ मरै न रोवै मरा।।
जो मर भया और छांड़ेसि माया। बहुरि न करै मरन के दाया।।
जौं मर भया न बूड़ै नीरा। बहत जाइ लागै पै तीरा।।
तहूँ एक बाउर मैं भेंटा। जैसे राम दसरथ कै बेटा।।
ओंहू मेहरी कर परा बिछोहा। एहि समुद्र मह फिरि फिरि रोवा।।
पुनि जो राम खोइ भा मरा। तब एक अंत भएउ मिलि तरा।।
बाउर अन्ध पेम कर लुबुधा सुनत ओहि भा बाट।
निमिख एक मंह लेइगा पदुमावति जेहिं घाट।।[39]

पद्मावती भी जानती थी कि रत्नसेन उससे तभी मिल सकता है, जब वह मरजीया दशा प्राप्त करे। हीरामन से रत्नसेन के आगमन का समाचार पाकर वह कहती है कि मैं चाहूँ, तो आज ही उससे मिल सकती हूँ, पर वह अभी प्रेम के रंग में परिपक्व नहीं है, वह भ्रमर की भाँति रस का अधिकारी नहीं हुआ है और न ही वह मरजीया हुआ है।[40]

जायसी ने इस दशा के निरूपण में एक रूपक का प्रयोग किया है। मरजीया को उसका प्रेमपूर्ण हृदय ही समुद्र लगता है। इसी प्रेमरूपी समुद्र में डूबकर प्रियरूपी मोती प्राप्त करना उसका लक्ष्य होता है। समुद्र के तल से मोती वही गोताखोर निकाल सकता है, जो मृतवत् होकर तथा प्राण का मोह छोड़कर उसमें डूबे। इसी प्रकार, प्रेम-समुद्र का

मोती वह मरजीया साधक-रूपी गोताखोर ही निकाल सकता है, जिसने जीवन में ही मृत्यु को जीत लिया है। इस रूपक को ध्यान में रखकर जायसी ने कई स्थलों पर मरजीया शब्द का प्रयोग किया है। सिंहलगढ़ में प्रवेश पाने की युक्ति बताते समय रत्नसेन से कहा गया है :

जस मरजीया समुन्द धंसि मारे हाथ आव तब सीप।
ढूँढ़ि लेहि ओहि सरग दुवारी औ चढ़ु सिंहल दीप।।[41]

पद्मावती भी सुआ द्वारा अपना प्रेम-पत्र रत्नसेन के पास भेजते समय उसे मरजीया बनाने का उपदेश देती है–

होहु पतंग अधर गहु दिया। लेहु समुन्द धंसि होइ मरजिया।।[42]

इस सन्देश को पाकर रत्नसेन मृतक-सा हो जाता है और हीरामन संजीवनी मूरि लाकर उसे जिलाता है।[43] यह घटना भी सांकेतिक है, जिसका अभिप्राय यह प्रतीत होता है कि वह जीवन की कामनाओं का त्याग करके गुरु के नवजीवन प्राप्त करता है और प्रेम-पथ का सच्चा अनुगामी बनता है।

परवर्ती सूफ़ी-काव्य में जायसी द्वारा चलाया गया मरजीया शब्द अपने मोती निकालनेवाले संकेत के साथ ग्रहण किया गया है। आगे के सूफ़ी-प्रेमाख्यानों में इस वर्णन की एक रूढ़ परम्परा मिलती है। पर, सर्वत्र यह शब्द अपने साथ जीवन्मृतकता के सन्दर्भ को समाहित किये हुए है। मंझन ने मधुमालती में इसे सीधे मरकर जीने के अर्थ में ग्रहण किया है। उनके अनुसार प्रेममार्ग पर चलने के लिए अहं का त्याग और मरजीया होना आवश्यक है–

प्रथमहिं सीस हाथ के लेई। पाछें तेहि मारग पगु देई।।

x x x

बिरह समुन्द अथाह अति जग जाने सभ कोई।
मानिक सो लै ऊभरै जौ मरजीवा होई।।[44]

मधुमालती का उपसंहार करते हुए कवि ने इस अवस्था का बड़ा ही सुन्दर चित्रण किया है, जिसमें यह बताया गया है कि मरजीया को काल का भय नहीं होता तथा उसकी काया अमर होती है–

"अमर न होत कोई जग हारै। मरि जो मरै तेहि मीचु न मारै।।
प्रेम कै आगि सही जेइ आंचा। सो जग जनमि काल सेउं बांचा।।
प्रेम सरन जेई आप उबारा। सो न मरै काहू कर मारा।।
एक बार जो मरि जीउ पावै। काल बहुरि तेहि नियर न आवै।।
मिरतुक फल अम्ब्रित होइ गया। निहचै अमर ताहि कै कया।।[45]

उसमान की चित्रावली में भी यह वर्णन हमें प्राप्त होता है। परेवा की बातों को सुनकर चित्रावली के प्रेम में मरते हुए कुँवर को पुनर्जीवन प्राप्त होता है और वह उसके सन्देश-रूपी अमृत को पाकर जी उठता है :

मरत जियाए जोइ कहि, फिरि-फिरि कहु सो बात।
सुनिबे कहं अमिरित कथा, श्रवन भए सब गात।[46]

उसमान ने भी जायसी के सांकेतिक अर्थ के साथ 'मरजीया' शब्द का प्रयोग किया है—

सोहिल उठा गरब के, चला कटक लै साथ।
सिन्धु मरजिया होइ धंसै, रतन चढ़ै तब हाथ।।[47]

परवर्ती कवि नूर मोहम्मद ने मरजीया के इस रहस्य को बहुत ही स्पष्ट शब्दों में व्यक्त किया है। उन्होंने 'इन्द्रावती' के प्रारम्भ में इस शब्द का स्पष्टार्थ करने का प्रयत्न किया है। उनके अनुसार जो व्यक्ति प्रेम में ही अपने हृदय को निमग्न जानता है और कभी मरता नहीं, वही मरजीया है—

जाना जेहि क प्रेम महं हीया।
मरै न कबहूं सो मरजीया।।[48]

आगे चलकर इस बात को भी स्पष्ट रूप से बताया गया है कि कौन व्यक्ति मरता नहीं है—

मुआ न कहइ जियत है सोई। अलख पन्थ जो जूझा होई।
मित्र जे हैं करतार के मरत नहीं है सोइ।
एक मन्दिर तजि दूसरे गवनत है वे लोइ।[49]

स्पष्टतः कवि ने जीवन्मुक्त का लक्षण ही यहाँ निरूपित किया है। साथ ही, पुनर्जन्मवाद के उस सिद्धान्त की छाया स्पष्ट दृष्टिगोचर होती है, जिसे गीता में आत्मा के पुराने शरीर को छोड़कर वस्त्र की भाँति नया शरीर धारण करने के रूप में कहा गया है। अलख पन्थ पर गमन करनेवाला और करतार का मित्र कोई जीवन्मुक्त ही हो सकता है और वही प्रेममार्ग का मरजीया भी है।

नूर मोहम्मद ने 'इन्द्रावती' में एक कथा प्रस्तुत की है कि इन्द्रावती के पिता का यह प्रण है कि जो समुद्र से मोती निकालकर लायेगा, उसी से इन्द्रावती का विवाह होगा। राजकुँवर मोती निकालने में सफल हो जाता है और इन्द्रावती को प्राप्त करता है। जायसी ने 'मरजीया' शब्द के साथ जिस संकेत को समाहित किया था, उसे नूर मोहम्मद ने एक कथा का स्वरूप दिया है, पर यहाँ भी मूल संकेत प्रेम-रूपी समुद्र से प्रियरूपी मोती को प्राप्त करना ही है। यहाँ 'मरजीया' शब्द के इस संकेत को बड़ी स्पष्टता के साथ अभिव्यक्त कर दिया गया है—

"अमर जिया सोई मरजीया। मन समुद्र मोती जो लिया।।
पैठि जलधि मो जलज निसारो। प्रान प्रीतम ऊपर वारो।।
प्रेम समुद्र मरजीया सोई। जाको जीउ की लोभ न होई।।
लाभा लागि जो ता महं डूबे। जो मोती हेरत नहिं ऊभै।।

जोगी जोग समुद्र को, प्रेमी हित जल रास।
मथि मोती काढ़त हैं, तब पूजत हैं आस।।"[50]

'मरजीया' शब्द का यह सांकेतिक प्रयोग अठारहवीं शती की रचना 'नलदमन' में भी मिलता है–

बहुत लोग बोहित चढ़ै दधि पर आवै जाहिं।
मुकता पावै मरजिया धंसि खौजै ता मांहि।।[51]

इस रचना में 'मरजीया' शब्द का स्पष्टीकरण करते हुए कवि ने लिखा है कि संसार मरजीया है, प्रेम समुद्र है और वह रानी (दमयन्ती) ही मोती है। देखें, कौन उस मोती को लेकर तिरता है और कौन डूबकर गँवा देता है–

जगत मरजिया प्रेमदधि, मुक्ताहल सो तीय।
धौं को पावै जे तिरै, को बूड़ै दे जीय।।[52]

प्रस्तुत विवेचन से यह प्रकट होता है कि हिन्दी-सूफ़ी कवियों का मरजीया भारतीय दर्शन की जीवन्मुक्तावस्था, बौद्धों की निर्वाण भावना, सन्तों की जीवन्मृतकता के लक्षणों के सर्वथा अनुरूप ही है। इनकी यह मरजीया-दशा प्रेममार्ग के अन्तर्गत होते हुए भी नायक के योगी बन जाने और योगमार्ग पर अग्रसर हो जाने के पश्चात् दिखायी गयी है। योगियों की यह दशा योगमार्ग के अन्तर्गत आती है। सूफ़ी प्रेमाख्यानों में प्रेम मार्ग का समन्वय करते हुए मरजीया दशा के निरूपण में 'फ़ना' की स्थिति को भारतीय दर्शन की जीवन्मुक्ति की अनुरूपता में लाने का प्रयास किया गया है।

सन्दर्भ

1. आइडिया ऑफ परसनाल्टी इन सूफ़ीज्म : निकोल्सन, पृ. 18।
2. सूफ़ीमत-साधना और साहित्य : रामपूजन तिवारी, पृ. 299।
3. गोई कि बादे माचे कुनन्दो कुजा रवन्द।
   फरजन्दगानो दुख्तरगाने यतीमे मा।।
   खुद याद नावरी कि चे करदन्दो चूं सुदन्द।
   आँ मादरानी आँ पिदराने कदीमे मा।। ईरान के सूफ़ी कवि (सनाई), पृ. 17।
4. ईरान के सूफ़ी कवि (उमर खैय्याम), पृ. 57।
5. ईरान के सूफ़ी कवि (शब्सतरी), पृ. 241-242।
6. ईरान के सूफ़ी कवि (जामी), पृ. 399।
7. वृहदारण्यकोपनिषद् 4।4।6।
8. कठोपनिषद्, 3।4।24।25।
9. महोपनिषद् 5।37।
10. श्रीमद्भगवद्गीता, 5।28।
11. वही, 2।56-57।

12. हिरियाना : एसेसियल्स ऑफ इण्डियन फिलॉसफ़ी, पृ. 73।
13. फिराज सी. दवर : इण्डिया ऐण्ड ईरान थ्रू एजेज, पृ. 189।
14. स्वामी विष्णु तीर्थ : सौन्दर्यलहरी (भूमिका), पृ. 9।
15. डॉ. हजारीप्रसाद द्विवेदी : नाथ सम्प्रदाय, पृ. 136।
16. अमरौघप्रबोध, श्लोक 70।
17. योगबीज, श्लोक 84।
18. डॉ. माताप्रसाद गुप्त : कबीर-ग्रन्थावली, 41।8।
19. वही, 41।9।
20. परशुराम चतुर्वेदी : दादू-ग्रन्थावली साखी, अंग 25, संख्या 33।
21. वही, साखी अंग 23, संख्या 20।
22. वही, साखी, अंग 23, संख्या 24।
23. चरणदास की बानी, प्रथम भाग, पृ. 29।
24. वही, प्रथम भाग, पृ. 29।
25. निकोलसन : दि आइडिया ऑफ परसनालिटी इन सूफीज़्म, पृ. 28।
26. डॉ. वासुदेवशरण अग्रवाल : पदमावत (भूमिका), पृ. 47।
27. डॉ. माताप्रसाद गुप्त : पदमावत (भूमिका), पृ. 23-29।
28. डॉ. कन्हैया सिंह : पदुमावति छन्द 142।
29. वही, छन्द 143।
30. वही, छन्द 144।
31. वही, छन्द 146।
32. डॉ. माताप्रसाद गुप्त : चन्दायन, छन्द 199।
33. वही, छन्द 200।
34. डॉ. माताप्रसाद गुप्त : मृगावती, छन्द 215।
35. वही, छन्द 216।
36. वही मृगावती, छन्द 222।
37. वही, छन्द 224।
38. डॉ. कन्हैया सिंह : पदुमावति, छन्द 182।
39. वही, छन्द 413।
40. वही, छन्द 231।
41. वहीं, छन्द 224।
42. वही, छन्द 182।

43. वही, छन्द 413।
44. माताप्रसाद गुप्त : मधुमालती, छन्द 234।
45. वही, छन्द 538।
46. जगन्मोहन वर्मा : चित्रावली, छन्द 175।
47. वही, छन्द 358।
48. डॉ. श्यामसुन्दर दास : इन्द्रावती, पृ. 6।
49. वही, पृ. 54
50. वही, पृ. 157।
51. डॉ. वासुदेव शरण अग्रवाल : नलदमन, पृ. 20।
52. वही, पृ. 24।

7

हिन्दी सूफ़ी काव्य का दर्शन

भारत में सूफ़ीमत के प्रवेश के उपरान्त उस पर हिन्दू धर्म, दर्शन तथा समसामयिक साधनाओं का व्यापक प्रभाव पड़ा। अपने मत को विशाल हिन्दू समाज के लिए ग्राह्य बनाने के लिए सूफ़ी सन्तों ने भारत के दर्शन और साधना-प्रणालियों को आत्मसात् करने का व्यापक प्रयास किया। यह प्रयास विशेष रूप से चिश्ती और शत्तारी सम्प्रदाय के सूफ़ियों में दिखायी पड़ता है। डॉ. यूसुफ़ हुसेन के अनुसार भारत में चिश्ती सम्प्रदाय की सफलता का यही रहस्य है कि उसने भारत की लोक-प्रथाओं और परम्पराओं को अपने मत में आत्मसात् किया।[1] श्री ख़लिक अहमद निज़ामी के मतानुसार अलबेरूनी ने हिन्दू धर्म का अध्ययन दार्शनिक स्तर पर किया था, पर सूफ़ियों ने उसे मनोवैज्ञानिक और भावात्मक स्तर पर ग्रहण करने का प्रयास किया। उनका सम्बन्ध सैद्धान्तिक ऐक्य की अपेक्षा भावात्मक ऐक्य से अधिक था। इसी कारण प्रारम्भिक मुसलमान दार्शनिक हिन्दुओं के धार्मिक रीति-रिवाजों में अधिक रुचि लेते हैं, अपेक्षाकृत उनके दार्शनिक विचारों के।[2] श्री निजामी ने चिश्ती सूफ़ियों में प्रचलित, शेख़ के सम्मुख नतमस्तक होना, आगन्तुकों को जल अर्पित करना, जम्बील घुमाना, शिष्यों का सिर मूँड़ना, संगीत प्रेम (समा) एवं 'चिल्लाह-ए-मकूज' (पैर में रस्सी बाँधकर कुएँ में लटककर चालीस दिन प्रार्थना करना) आदि प्रथाओं को हिन्दू और बौद्धों से प्रभावित माना है।[3] हिन्दी सूफ़ी कवियों के काव्य के अध्ययन से यह पता चलता है कि सूफ़ियों पर हिन्दू प्रथाओं और रीति-रिवाज़ों का ही नहीं प्रत्युत हिन्दुओं के दार्शनिक विचारों और उनमें प्रचलित साधनाओं का भी पर्याप्त प्रभाव पड़ा।

शत्तारी सम्प्रदाय के सूफ़ी सन्त भारतीय योग साधना से इतने प्रभावित थे कि वे जंगलों में जाकर एकान्तवास करते तथा यौगिक साधना में प्रवृत्त होते थे। शेख़ मुहम्मद ग़ौस का चुनार की पहाड़ियों में बारह वर्ष तक एकान्तवास करना तथा योग-साधना द्वारा सिद्धि प्राप्त करना प्रसिद्ध है। इतिहासकार अतहर अब्बास रिज़वी में मुसलमान इतिहास लेखकों के साक्ष्य पर लिखा है कि शत्तारी सम्प्रदाय ने योग तथा भारतीय साधना की बहुत सी बातों को अंगीकार कर लिया था। हठयोग के यौगिक आसन तथा भारतीय योगियों के समान फल-फूल खाकर जंगलों में एकान्तवास करना उनके जीवन का अंग हो गया था।[4] श्री अज़ीज़ अहमद के अनुसार शत्तारी सम्प्रदाय के सूफ़ी सन्तों का हठयोग के यौगिक आसन और समाधि पर विशेष बल था। वे उलेमा से आलोचित

होने के भय से अपनी इस साधना को गुप्त रखते थे। हिन्दी के समस्त सूफ़ी कवियों पर हठयोग की साधना-प्रणाली का प्रभाव तथा उसकी पारिभाषिक शब्दावली का उनके काव्य में व्यापक प्रयोग मिलता है।

ब्रह्म

हिन्दी सूफ़ी कवियों ने ब्रह्म का जो निरूपण किया है, उस पर इस्लाम, सूफ़ी और औपनिषदिक हिन्दू दर्शन की छाप दीख पड़ती है। इस्लाम और हिन्दू दर्शन में ब्रह्म के प्रतिपादन में जहाँ समानताएँ मिलती हैं, उन्हें इन कवियों ने विशेष रूप से ग्रहण किया है। हिन्दू दर्शन का प्रभाव सूफ़ीमत के भारत-प्रवेश के पूर्व के सूफ़ी तत्त्व-चिन्तकों पर भी पड़ चुका था। इनमें बायजीद बिस्तामी, मंसूर हल्लाज, इब्नुल अरबी आदि के नाम प्रमुख हैं। हिन्दी के सूफ़ी कवियों ने हिन्दुओं के दार्शनिक विचारों को कुछ तो इन विचारकों से ग्रहण किया होगा और कुछ अपनी ग्रहणशील वृत्ति के कारण उन्होंने सीधे हिन्दुओं से प्राप्त किया होगा।[5]

उपनिषदों में ब्रह्म का सगुण और निर्गुण दोनों रूपों में निरूपण हुआ है। सगुण ब्रह्म ही सृष्टि का निर्माता, पालक और संहारक है। अतः उसे 'तज्जलान्' शब्द से अभिव्यक्त किया गया है जिसका अर्थ है कि यह जगत् ब्रह्म से उत्पन्न होता है (तज्ज) उसी में लीन होता है (तल्ल) तथा उसी के कारण स्थिति काल में प्राण धारण करता है (तदन्)।[6] माण्डूक्य उपनिषद् में कहा गया है कि ब्रह्म सबका अधिपति है, सर्वज्ञ तथा अन्तर्यामी है, यह सबका कारण है उसी से सब जीव उत्पन्न होते हैं और उसी में लीन हो जाते हैं।[7] इस्लामी दर्शन में भी सगुण ब्रह्म का यह रूप मिलता है। क़ुरान में उसे सृष्टि का निर्माता, पालक, संहारक कहा गया है। वही संसार की सभी वस्तुओं का स्रष्टा है। क़ुरान के अनुसार वह (ईश्वर) जिसने भूमि जो कुछ है (सबको) तुम्हारे लिए बनाया (क़ुरान 2 : 4 : 9)। वहाँ ब्रह्म के लिए कहा गया है कि वह आदि है, अन्त है, बाहर है, भीतर है, वह सब चीज़ों का जानकार है।[8] माण्डूक्य उपनिषद् में कहा गया है कि ब्रह्म हमारे सामने, पीछे, बायीं और दायीं ओर है। वही ऊपर और नीचे है तथा वही श्रेष्ठातिश्रेष्ठ है।[9] इस प्रकार सगुण ब्रह्म का यह वर्णन हिन्दू और इस्लाम दर्शन में अविरोधी है।

हिन्दी सूफ़ी कवियों ने ब्रह्म का इन रूपों में वर्णन किया है। 'चन्दायन' में वह जगत् की सम्पूर्ण वस्तुओं का सिरजनहार कहा गया है।[10] उसने ही एक ज्योतिर्मय पुरुष का सृजन किया जिसका नाम 'मोहम्मद' है तथा जो सारे जगत् का प्यारा है।[11] 'मृगावती' में भी ब्रह्म को सम्पूर्ण जगत् का स्रष्टा कहा गया है जिसने सर्वप्रथम 'मुहम्मदीयनूर' को उत्पन्न किया।[12] जायसी[13] मंझन[14] उसमान[15] आदि सभी परवर्ती हिन्दू सूफ़ी कवियों ने ब्रह्म के स्रष्टा रूप तथा उपरिनिर्दिष्ट सृष्टि-निर्माण-प्रक्रिया का वर्णन किया है।

इस प्रकार सूफ़ियों का ब्रह्म मूलतः इस्लामी ही है जिसने क़ुरान की मान्यता के अनुसार सर्वप्रथम 'नूरे मुहम्मद' का निर्माण किया। मंझन ने स्पष्ट रूप से कहा है कि जो गुप्त ब्रह्म है, वही प्रकट रूप में मोहम्मद है–

मूल मूहम्मद सभ जग साखा। विधि नौ लाख मटुक सिर राखा।
ओहि पटतर दोसर कोउ नाहीं। वह सरीर यह सभ परछाहीं।
करता गुपुत सभैं पहचाना। प्रगट मुहम्मद काहु न जाना।
अलख लखिया जेहिं पार न कोई। रूप मुहम्मद काछें सोई।
रूप क नाँउ मुहम्मद धरा। अरथ न दोसर एकै करा।
ऊंचै कहौं पुकारि कै जगत सुनै सभ कोई।।
परगट नांउ मुहम्मद गुपुत जो जानिय सोइ।।[16]

इस प्रकार यह कहने की आवश्यकता नहीं है कि सूफ़ियों का ब्रह्म पूर्ण रूप से इस्लामी ही है, पर उसके गुण एवं लक्षणों के निरूपण में इन कवियों ने हिन्दू दर्शन की मान्यताओं और प्रणालियों के अनुगमन की भी पर्याप्त चेष्टा की है। यदि 'मुहम्मदीय नूर' से सम्बन्धित प्रकरणों को हिन्दी सूफ़ी प्रेमाख्यानों से निकाल दिया जाये तो इनके द्वारा निरूपित ब्रह्म उपनिषदों में निरूपित ब्रह्म से तदाकार हो जाये।

उपनिषदों में ब्रह्म का निषेधात्मक रूप में वर्णन किया गया है। उसे 'नेति-नेति' कहकर व्यक्त किया गया है। कठोपनिषद् में उस निरुपाधि एवं वर्णनातीत ब्रह्म को अशब्द, अस्पर्श, अरूप, अव्यय, अरस, अगन्धवत्, अनादि तथा अनन्त कहा गया है।[17] वृहदारण्यक उपनिषद् में कहा गया है कि वह ब्रह्म स्थूल नहीं है, न अणु है; वह ह्रस्व या दीर्घ नहीं है; न रुक्ष है न चिकना है; वह छाया से भिन्न है और अन्धकार से पृथक है; वह वायु तथा आकाश से भी पृथक् है; असंग तथा रस-गन्ध से विहीन है; न चक्षु उसे ग्रहण कर सकती है न वह श्रोत, मन, वाणी का विषय है; वह तेज से रहित है, प्राण तथा मुख से उसका सम्बन्ध नहीं है; वह परिणामरहित है; न अन्दर है न बाहर है; वह कुछ नहीं खाता और न उसे कोई खा सकता है।[18] केनोपनिषद् के अनुसार जिसे वाणी कह नहीं सकती पर जिसकी शक्ति से वाणी बोलती है वही ब्रह्म है।[19] ईशावास्योपनिषद् के अनुसार वह परमात्मा चलता भी है और नहीं भी चलता है, वह दूर भी है समीप भी है, वह अन्तर में भी है और बाह्य भी।[20] परमात्मा है भी और नहीं भी है। वह यह भी है और इसका विरोध वह भी है, इस शैली का प्रचुर उपयोग उपनिषदों में हुआ है। श्वेताश्वतरोपनिषद् में कहा गया है कि वह न स्त्री है, न पुरुष है और न नपुंसक है।[21]

उपनिषदों की इस निषेधात्मक प्रणाली का अनुगमन हिन्दी सूफ़ी कवियों ने भी किया है। कुतुबन ने लिखा है कि वह अलख निरंजन है जो देखा नहीं जा सकता। उस परमेश्वर का रूप न स्त्री का है न पुरुष का है। न उसके माता, न पिता और न

कोई बन्धु है।[22] जायसी ने भी लिखा है कि वह अलख, अरूप और अबरन है। वह सबमें है और सब उसमें हैं। वह प्रकट, गुप्त और सर्वव्यापी है। उसका न कोई पुत्र, न पिता, न माता है। न उसका कोई कुटुम्ब है और न कोई उसका अपना सम्बन्धी है। न उसने किसी को पैदा किया है और न किसी ने उसे जन्म दिया है। उसने संसार में सब-कुछ बनाया है, पर उसे किसी ने नहीं बनाया।[23]

उपनिषदों ने विरोधात्मक प्रणाली से भी ब्रह्म का निरूपण किया है। इसमें दो विरोधी वस्तुओं का कथन करके कहा जाता है कि ब्रह्म ऐसा भी है और ऐसा भी है। श्वेताश्वतरोपनिषद् में ब्रह्म के सम्बन्ध में कहा गया है कि वह हाथों से रहित है पर सब वस्तुओं को ग्रहण कर लेता है। पैरों से रहित है पर इच्छानुसार वेगपूर्वक गमनागमन कर लेता है। आँखों से रहित है पर सब-कुछ देखता है। कानों से रहित है पर सब-कुछ सुनता है। वह सबको जानता है पर उसको जाननेवाला कोई नहीं है। वह सबका आदि है। वह पुरातन और महान् पुरुष है—

अपणिपादो जवनो ग्रहीता पश्यत्यचक्षुः सशृणोत्यकर्णः।
सवेत्ति वेद्यं न चतस्यांस्तिवेत्ता। तभाहुरग्रयं पुरुषं महान्तम्।।[24]

जायसी ने भी इसी शैली में ब्रह्म का निरूपण किया है। वे इस वर्णन को पुराण में लिखा हुआ बताते हैं—

एहि बिधि चीह्नहु करहु गिआनू। जस पुरान मँह लिखा बखानू।
जीउ नाहिं पर जियइ गोसाई। कर नाहीं पै करइ सबाई।
जीभ नाहिं पै सब किछु बोला। तन नाहीं जो डोलाव सो डोला।
स्रवन नाहिं पै सब किछु सुना। हिय नाहीं गुनना सब गुना।
नैन नाहिं पै सब किछु देखा। कवन भाँति अस जाइ विसेखा।
ना कोई है ओहि के रूपा। न ओहि काहु अस तइस अनूपा।
ना ओहि ठाऊँ न ओहि बिनु ठाऊँ। रूप रेख बिनु निरमल नाऊँ।
ना वह मिला न बेहरा अइस रहा भरिपूरि।
दिस्टिवन्त कहँ नीयरे अन्ध मुरुख कहँ दूरि।।[25]

जायसी ने यहाँ 'पुरान' शब्द का प्रयोग हिन्दू धर्मग्रन्थों के लिए ही किया है, ऐसा प्रतीत होता है। ब्रह्म की यह विरोधात्मक व्याख्या एक ओर उपनिषद् में मिलती है और दूसरी ओर जायसी के परवर्ती कवि गोस्वामी तुलसीदास के 'नाना पुराण निगमागम सम्मत' रामचरितमानस में भी मिलती है। वास्तव में इन दोनों कवियों ने इसे उपनिषदों से ग्रहण किया होगा।

ब्रह्म के इन्हीं विरोधी गुणों के कारण उसका वर्णन असम्भव माना गया है। उसकी इस अवर्णनीयता का उल्लेख भी उपनिषदों में प्राप्त होता है। ब्रह्म को मन और वाणी से परे कहकर यही भाव व्यक्त किया गया है। जायसी ने इस सम्बन्ध में लिखा है कि उस 'करता' की करनी का वर्णन करना सम्भव नहीं है। सात स्वर्ग का यदि काग़ज

किया जाये और सात समुद्रों को यदि स्याही से भरा जाये और जगत् में जितने वृक्षों की टहनियाँ, केश, रोम और पक्षियों के पंख हैं; जितने बालू और मिट्टी के कण हैं तथा जितनी मेघ की बूँदें और आकाश के तारे हैं, उन सबकी लेखनी बनाकर सारा संसार मिलकर लिखने लगे तो भी उस अपार समुद्र की गतिवाले परमात्मा का वर्णन नहीं पूर्ण हो सकता।[26] इस प्रकार का वर्णन तुलसी के मानस में भी है।

उपर्युक्त वर्णन की परम्परा काव्य-क्षेत्र में सूफ़ी परम्परा से पूर्व अपभ्रंश में हमें मिलती है। पुष्पदन्त का निम्नलिखित श्लोक इसके प्रमाण में प्रस्तुत किया जा सकता है—

असित गिरि समं स्यात्कज्जलं सिन्धुपात्रे, सुर तरुवरशाखा लेखनी पत्रमुर्वी।
लिखति यदि गृहीत्वा शारदा सर्वकालं, तदपि तव गुणानामीश पारं न याति।

यद्यपि इसी प्रकार के भाव क़ुरान के सूरे कहफ में भी बताये जाते हैं, पर अपभ्रंश काव्य-परम्परा का सूफ़ी कवियों पर अन्य दृष्टियों से भी जो प्रचुर प्रभाव दीखता है तथा इन वर्णनों में शब्दावली आदि की जो एकरूपता मिलती है उसके आधार पर यह कहना कठिन नहीं है कि इन्होंने भारतीय परम्परा से इन वर्णनों को ग्रहण किया होगा।

मंझन ने भी परमात्मा के वर्णन में अपनी अशक्यता प्रकट की है। उनके अनुसार पण्डितों और मुनिजनों ने ब्रह्म का विचार किया है पर उसकी स्तुति करने में संसार का कोई भी व्यक्ति समर्थ न हुआ। उसका एक जिह्वा से मैं कैसे गुणगान करूँ, सहस्र जिह्वा से चारों युगों में गुणगान करके भी मैं पार नहीं पा सकता। जो तीनों भुवनों और प्रत्येक घट में अनन्त रूपों में विलास कर रहा है उसकी स्तुति मैं एक जीभ से कैसे कर सकता हूँ।[27] उन्होंने ब्रह्म को वर्णन का नहीं प्रत्युत अनुभव का विषय बताया है।[28] इसी वर्णन की आवश्यकता का कथन 'नलदमन' आदि परवर्ती रचनाओं में भी मिलता है।[29] हिन्दी के सन्त कवियों ने अनुभव के विषय इस ब्रह्म की अभिव्यक्ति को 'गूँगे के गुड़' के स्वाद-वर्णन जैसा असम्भव तथा भक्त कवियों ने 'मन बानी को अगम अगोचर' कहा। सूफ़ियों की अशक्यता का वर्णन विस्तार भी इन कवियों के समान भारतीय दर्शन की परम्परा में प्रतीत होता है।

ब्रह्मवाची नाम

सूफ़ी कवियों ने परमात्मा के लिए उन्हीं सम्बोधनों का प्रचुरता से प्रयोग किया है जो विभिन्न हिन्दू सम्प्रदायों में प्रचलित हैं। दाऊद ने उसे 'सिरजनहार' (स्रष्टा) और कुतुबन, जायसी आदि ने 'करतार' कहकर पुकारा है। ये शब्द उस समय भारतीय समाज में परमात्मा के लिए प्रचलित थे। कबीर, नानक आदि ने भी इन शब्दों का प्रयोग किया है।[30] इन कवियों ने हिन्दुओं में बहुधा प्रचलित परमात्मा के नामों का प्रयोग किया है। मंझन ने उसे 'ब्रह्म' शब्द से ही कई बार अभिव्यक्त किया है।[31] उपनिषदों में ब्रह्म का सर्वाधिक प्रयुक्त सम्बोधन 'ओऽम्' है। छान्दोग्योपनिषद् में कहा गया है—'ओमित्येतदक्षरमुद्गीथमुपासीत' अर्थात् ओऽम् जिसका नाम है, वह कभी नष्ट नहीं होता और उसकी उपासना करनी चाहिए। इसी को 'ओंकार' भी कहते हैं जो आदि स्वर

कहा जाता है। इस शब्द का प्रयोग भी इन कवियों ने पर्याप्त किया है। कुतुबन ने कथा प्रसंग में जब राजकुँवर को दानव समुद्र में गिरा देता है तब उसके मुख से परमात्मा का स्मरण 'एकोंकार अलख करतारा' कहकर कराया है। पर मंझन ने तो 'मधुमालती' के स्तुति अंश में ही परमात्मा को 'एकोंकारि विधाता' कहा है।[32] उन्होंने परमात्मा के लिए 'हरि' शब्द का प्रयोग करते हुये उसके मुख से निकलने वाले आदि शब्द 'ओंकार' कहा है जो भले-बुरे समस्त रूपों में सम्पूर्ण जगत् में व्याप्त हुआ।[33]

योगियों और सन्तों में परमात्मा के लिए अलख निरंजन, करतार आदि नाम विशेष प्रचलित थे। इन कवियों ने भी इन सम्बोधनों का प्रचुर प्रयोग किया है। कुतुबन ने अलख निरंजन, करतार आदि कहा है।[34] मंझन ने भी उसे 'अलख निरंजन करता, एक रूप बहु भेस' कहकर स्मरण किया है। ये प्रयोग आगे के प्रेमाख्यानों में भी मिलते हैं। ब्रह्म के लिए हिन्दुओं में प्रचलित 'परमेश्वर' (परमेसा) शब्द का प्रयोग भी बार-बार इनकी रचनाओं में प्राप्त होता है।[35] इसी प्रकार भक्तों में परमात्मा के लिए प्रचलित 'गोसाईं' सम्बोधन का प्रयोग भी इन कवियों ने किया है। इस प्रकार यह देखा जा सकता है कि हिन्दी के सूफ़ी कवियों ने (विशेषतः प्रारम्भिक) परमात्मा के लिए हिन्दुओं के विभिन्न-पन्थों-सम्प्रदायों में प्रचलित नामों का ही प्रयोग किया है, इस्लामी सम्बोधन से बचने की प्रवृत्ति उनमें दीख पड़ती है।[36]

जीव जगत्

इनके काव्यों में सृष्टि रचना की प्रक्रिया इस्लामी होते हुए भी उसे हिन्दू सृष्टि निर्माण सम्बन्धी धारणा से कुछ अनुरूपता प्रदान करने का प्रयास दीख पड़ता है। सूफ़ियों का कहना है कि परमात्मा को जब सृष्टि के द्वारा अपने-आपको अभिव्यक्त करने की इच्छा हुई तब उसने अपनी ज्योति से एक ज्योति का निर्माण किया। परमात्मा स्वयं उस ज्योति पर मुग्ध हो गया और उसी के लिए सृष्टि की रचना की। हिन्दू विचारकों ने भी परमात्मा को ज्योतिस्वरूप माना है। परमात्मा को हिरण्यगर्भ (ऋग्वेद हिरण्यगर्भसूत्र 10-121) आदि इसी भाव से कहा गया है। सूफ़ी कवियों ने परमात्मा की ज्योति के अवतरण के बाद कहा कि परमात्मा ने अपने को शिव और शक्ति के रूप में दो घंटों में उत्पन्न किया। जायसी ने भी मन में शिव और शक्ति इन दोनों तत्त्वों के अध्यवसान का उल्लेख किया है।[37] शिव और शक्ति शैव दर्शन के पारिभाषिक शब्द हैं जिनका प्रयोग ब्रह्म और माया के लिए ही प्रायः हुआ है। शैव सम्प्रदायान्तर्गत नाथपन्थियों आदि ने इनका प्रचुर प्रयोग किया था और इन्हें परमात्मा के ही दो तत्त्वों के रूप में प्रतिपादित किया था। इन दो तत्त्वों की पृथक्ता का बोध ही जगत् का कारण है और इनकी एकता ही ब्रह्मानुभूति है। इन्हीं को योगियों ने बिन्दु और रज, सूर्य और चन्द्र आदि पारिभाषिक शब्दों से व्यक्त है। गोरक्षशतक के अनुसार—

बिन्दुः शिव रजः शक्ति बिन्दुम्-इन्दूरजो रविः।
उभयो संगमादेव प्राप्यते परम पदम्।।

—गोरक्षशतक, श्लोक 74।

परम्परा से प्राप्त इन शब्दों का प्रयोग हिन्दी सूफ़ी कवियों ने इस्लामी सृष्टि प्रक्रिया में बड़ी कुशलता से किया है।

हिन्दू दर्शन के अनुसार सृष्टि माया से निर्मित होने के कारण मिथ्या है। इसमें ब्रह्म ही तत्त्व रूप में है और वही एकमात्र सत्य है। इस्लामी दर्शन में जगत् का मिथ्यात्व न स्वीकार करके उसका अस्तित्व माना गया है। पर सूफ़ी विचारकों और कवियों ने इस सम्बन्ध में हिन्दू अद्वैत दर्शन से निकटता प्राप्त की है। जायसी ने स्पष्ट कहा है कि ब्रह्म के अतिरिक्त सब कुछ 'नास्ति' है। वही इस जगत् को सजाता, नष्ट करता और इच्छा होने पर पुनः बना देता है।[38] कथा प्रसंग में उन्होंने यहाँ तक कहा है कि इस संसार में बहुत-से लोग रो-रोकर मर गये पर वह किसी के हाथ न लगा, क्योंकि यह संसार मिथ्या है।[39] सांसारिक जीवन मिट्टी के पात्र के समान क्षणजीवी है। उसे निश्चिन्तता शोभा नहीं देती। यह जीवन तो रहँट के जल के समान नश्वर है, जो एक घड़ी में भरता है और दूसरी घड़ी में ढलकर समाप्त हो जाता है। इस संसार में कोई किसी का नहीं है। न कोई कुटुम्ब-परिवार किसी का है और न धन-दौलत किसी की है।[40] जब चित्तौड़गढ़ को जीतकर रूपलोभी अलाउद्दीन गढ़ में प्रवेश करता है तो वहाँ जौहर की ज्वाला में भस्म रानियों की राख मिलती है। इस अवसर पर वह भी एक मुट्ठी राख को हाथ में लेकर और उसे उड़ाकर कहता है कि यह पृथ्वी झूठी है। तृष्णा के कारण सच लगती है, पर जब यही (चिता की) राख मनुष्य के ऊपर पड़ती है तभी उसकी तृष्णा समाप्त होती है।[41] इस सम्बन्ध में कुतुबन का भी कहना है कि संसार में अकेला ब्रह्म ही सत्य है, कोई अन्य नहीं।[42] मंझन के अनुसार ब्रह्म ही एकमात्र सत्य है। उसके अतिरिक्त न कोई दूसरा है न हुआ है, और न होगा।[43] इस प्रकार यह प्रकट होता है कि ब्रह्म और जगत् के सम्बन्ध में सूफ़ियों ने अपनी विचार-प्रणाली को हिन्दुओं के अत्यन्त निकट लाने का प्रयास किया है।

ब्रह्म और जगत् का सम्बन्ध

कहा जा चुका है कि इस्लाम के अनुसार ब्रह्म और जगत् अलग-अलग दो सत्ताएँ हैं जिनमें मालिक और नौकर का सम्बन्ध माना गया है। अतः वहाँ जीव या जगत् को ही ब्रह्म कहना और जीव द्वारा अपने ब्रह्मत्व की घोषणा करना कुफ्र माना गया है। पर कुछ सूफ़ी तत्त्व-चिन्तकों ने भारतीय अद्वैत वेदान्त को अपने विचारों में समन्वित करके ब्रह्म और जगत् की एकता का प्रतिपादन किया जिनमें बायजीद बिस्तामी, मंसूर हल्लाज तथा इब्नुल अरबी के नाम प्रमुख हैं।[44] हिन्दी सूफ़ी कवियों ने इन विचारों की ही पथ-सरणि का अनुगमन करते हुए ब्रह्म और जीव-जगत् की अद्वैतता का प्रतिपादन किया।

बायजीद बिस्तामी के सम्बन्ध में जेनर का मत है कि उसका 'वह तू ही है' (तकून अन्तजाक) छान्दोग्योपनिषद् के 'तत्त्वमसि' का ही अनुवाद है। उसके अनुसार बिस्तामी की अनेक उक्तियों के स्रोत मण्डूक, श्वेताश्वतर आदि उपनिषदों में ढूँढ़े जा सकते हैं।

बिस्तामी ने एक स्थल पर यह भी कहा है कि 'मैं वही हूँ'। इसका मूल बृहदारण्यक उपनिषद् में ढूँढ़ा जा सकता है। मंसूर हल्लाज के 'अनलहक़' (अहं ब्रह्मास्मि) का स्रोत बिस्तामी के अन्दर विद्यमान था, यद्यपि दोनों के मूल स्रोत उपनिषद् ही हैं। इब्नुल अरबी ने ब्रह्म और जगत् के सम्बन्धों को उपनिषदों की भाँति बिम्ब-प्रतिबिम्ब एवं अंशांशी भाव से निरूपित किया है। इस सम्बन्ध में श्री एम.एम. शरीफ़[45] ने लिखा है कि 'इब्नुल अरबी भौतिक जगत् की अनेकरूपता और उसकी मूलभूत एकता को व्यक्त करने के लिए प्रायः प्रतीकों और उपमानों का प्रयोग करता है। वह अपने एक को अनेक रूपों से उसी भाँति व्यक्त करता है जैसे एक ही वस्तु अनेक दर्पणों में प्रतिबिम्बित होती है। प्रत्येक दर्पण अपनी प्रकृति और क्षमता के अनुसार उस एक बिम्ब को प्रकट करता है। वह एक ज्योतिपुंज के समान है जिससे असंख्य प्रकाश की किरणें फूटती हैं।...अथवा वह एक महान् समुद्र है जिसकी सतह पर अगणित लहरें दृश्यमान् और अदृश्य होती रहती हैं।'

इन्हीं रूपों में हिन्दी सूफ़ी कवियों ने भी इनके सम्बन्धों को निरूपित किया है। इन्होंने ब्रह्म का सम्पूर्ण जगत् में व्याप्त होना प्रतिपादित किया है। इनका प्रतिपादन उपनिषदों के सर्वात्मवाद जैसा ही है। मुल्ला दाऊद ने कहा है कि जिस ब्रह्म ने सम्पूर्ण संसार, जल और महीतल का निर्माण किया, उसका स्थान कहाँ है यह तो नहीं जाना जा सकता है पर उसके बिना संसार का कोई स्थान खाली नहीं है।[46] जायसी ने ब्रह्म की व्यापकता का विस्तृत वर्णन करते हुए लिखा है कि वह 'परगट गुपुत सो सरबबियापी' है।[47] वह सभी घटों में सदैव निवास करनेवाला कहा गया है।[48] पुष्प में सुगन्धि, दूध में घृत, मट्ठे में निर्मल जल तथा काठ में अग्नि जिस प्रकार प्रच्छन्न रूप में विद्यमान रहती है, उसी प्रकार वह पुरुष (ब्रह्म) भी सभी घटों में विद्यमान रहता है।[49] नूर मोहम्मद के अनुसार ब्रह्म जगत् में उसी प्रकार अध्यवसित है जिस प्रकार मेंहदी में लालिमा।[50] 'नलदमन' के कवि सूरदास ने भी उसे चम्पा, चमेली, केवड़ा की सुगन्धि की भाँति घट-घट में व्याप्त कहा है।[51] इन कवियों ने ब्रह्म की सर्वव्यापकता का जो चित्रण किया है उसकी शैली उपनिषदों जैसे ही है। श्वेतश्वरोपनिषद् में कहा गया है—

तिलेषु तैलं दधनीव सर्पिरापः स्रोतस्वरणीषु चाग्निः।
एवमात्मात्मनि गृह्यतेऽसौ सत्येनैनं तपसा योऽनु पश्यति।

अर्थात् जैसे तिल में तेल, दही में घृत, स्रोतों में जल, अरणियों में अग्नि रहती है और तिलों को पीटने से, दही को मथने से, स्रोतों को खोदने से और अरणियों के रगड़ने से ये प्रकट होते हैं, वैसे ही जीवात्मा में परमात्मा निहित है और वहीं उसका ग्रहण होता है।[52]

ब्रह्म सम्बन्धी सर्वात्मवादी विचारों का जैसा प्रस्फुटन मंझन में मिलता है, वैसा अन्य सूफ़ी कवियों में नहीं। उसके अनुसार भी ब्रह्म जगत् में व्याप्त रहता है। वही एक ब्रह्म अनेक भाव से विविध रूप धारण करके जगत् में व्याप्त होता है। तीन लोकों में जहाँ

तक स्थान है, अनेक रूपों में ब्रह्म का ही विलास है। वह किसी एक स्थान का न होकर सभी स्थानों में है। वह तीनों भुवनों में पूर्णतः परिव्याप्त है। उसी की एक ज्योति से (संसार की) अनेक मूर्तियाँ बनी हैं और उन मूर्तियों के अनेक नाम पड़े हैं।[53] वे अन्य स्थान पर कहते हैं कि ऐ जीव! तू सभी निधियों से भरा हुआ जलनिधि है। तू गर्व करके क्यों मरता है। तू ही सम्पूर्ण सृष्टि में प्रकट है और तुम्हारी ज्योति से ही सम्पूर्ण संसार ज्योतित है।[54] इस बात को कवि उसमान ने भारतीय ऋषियों के प्रसिद्ध उपमान मृग की नाभि में स्थित कस्तूरी के द्वारा अभिव्यक्त किया है। वे कहते हैं कि जिस प्रकार मृग की नाभि में कस्तूरी रहती है। उसी प्रकार मनुष्य के शरीर में परमात्मा रहता है। जैसे मृग अपनी नाभि में स्थित कस्तूरी को नहीं जानता और व्याध उसकी नाभि काटकर कस्तूरी निकाल लेता है उसी प्रकार जीव अपने घट में निवास करनेवाले परमात्मा को नहीं समझ पाता जब कस्तूरी के समान ब्रह्म घट से निकल जाता है तब यह शरीर अर्थहीन हो जाता है।[55]

ब्रह्म और जीव के इस सम्बन्ध को इन कवियों ने बिम्ब-प्रतिबिम्ब तथा अंशांशी भाव से अभिव्यक्त किया है। सूफ़ियों के अनुसार यह दृश्यमान् जगत् के दर्पण में प्रतिबिम्बित होनेवाला उस परम सत्ता का प्रतिबिम्ब है। जिस प्रकार सूर्य का प्रकाश जल में पड़ता है, उसी प्रकार परमात्मा, सूर्य के समान असत् में प्रतिबिम्ब होता है। जल में पड़नेवाले प्रतिबिम्ब से सूर्य को देखा जा सकता है, उसी प्रकार असत् के दर्पण में पड़नेवाले परमात्मा के प्रतिबिम्ब से परमात्मा को देखा जा सकता है। स्पष्ट रूप से इसे यों समझा जा सकता है कि सूर्य के समान परमात्मा है जल के समान असत् का दर्पण और प्रतिबिम्ब के समान दृश्यमान् जगत् है।[56] इसी भाव का संकेत करते हुए जायसी ने लिखा है कि मनुष्य के हृदय रूपी दर्पण में परमात्मा का दर्शन होता है।[57] पद्मावती को उस परम सत्ता के सौन्दर्य रूप में प्रतिष्ठित करके जायसी ने उसकी रूपछबि के वर्णन द्वारा यह बताने का प्रयास किया है कि जगत परमात्मा की छाया से ही छविवान है। वे कहते हैं कि उसी (पद्मिनी) की एक ज्योति से सारे संसार में ज्योति फैली है। रत्न, पदार्थ, माणिक, मोती सभी को उसी से ज्योति मिली है। जहाँ-जहाँ उसने स्वाभाविक रूप से हँसा उसकी ज्योति छिटककर प्रकृति के सुन्दर पदार्थों के रूप में उद्भासित हो गयी।[58] 'मान सरोदक खण्ड' में परब्रह्म बिम्ब और जगत् के नाना पदार्थ दर्पण अथवा उसमें पड़ी हुई परछाहीं कहे गये हैं। उसी एक ही छाया से कमल, जल, हंस और रत्नों को छवि प्राप्त हुई है।[59] मंझन ने भी इस भावना को व्यक्त करते हुए लिखा है कि सृष्टि रूपी दर्पण में उसी परमात्मा का प्रतिबिम्ब झलकता हुआ दीख पड़ता है। उसकी समानता का दूसरा कोई नहीं है।[60] नूर मोहम्मद का कथन है कि संसार में जो कुछ भी सृष्टि है वह ब्रह्म का दर्पण है अर्थात् दर्पण में पड़नेवाले उस प्रतिबिम्ब के समान है। दृष्टिवन्त व्यक्ति शरीर रूपी दर्पण में ही उस परमात्मा की मुखछवि का प्रतिबिम्ब देख सकते हैं, जो सम्पूर्ण जगत् का स्रष्टा है।[61]

सूफ़ी कवि नूर मोहम्मद प्रतिबिम्बवाद की भावना का अच्छा विस्तार प्रस्तुत किया है।[62] मंझन के अनुसार एक ही ज्योति से जगत् प्रकाशित है। एक ही जड़ है, पल्लव अनेक हैं। फल एक ही है पर बीज अनेक हैं। एक ही सूर्य है पर किरणें अनेक हैं। एक ही चन्द्र है पर उसकी ज्योति जगत् भर में चमकती है। एक ही समुद्र है जिसमें सहस्रों नदियाँ आकर मिलती हैं। इसी प्रकार ब्रह्म जो एक बिन्दु के समान है, वह जल-थल में सर्वत्र व्याप्त है। जगत में एक ब्रह्म ही है, अन्य कुछ भी नहीं। यह संसार उसी की परछाईं है। सभी दर्पणों में वह एक ही दिखायी पड़ता है, दूसरी कोई छवि आँखों में नहीं समाती। ब्रह्म और जगत् के सम्बन्धों को अंशांशी भाव से व्यक्त करते हुए इन कवियों ने समुद्र और लहर तथा ज्योति और किरण के सादृश्य को ग्रहण किया है। मंझन ने इसी भाव को व्यक्त करते हुए लिखा है कि तुम यदि समुद्र हो तो मैं तुम्हारी लहर हूँ। यदि तुम सूर्य हो तो मैं तुम्हारी किरण हूँ। मेरे और अपने में अन्तर मत समझो। मैं शरीर हूँ और तुम इस शरीर के प्राणतत्त्व हो। तुमसे मेरा अलगाव कोई नहीं कर सकता है। एक ही ज्योति मुझमें और तुममें दो रूपों में दिखायी दे रही है।[63] जायसी ने जीव और ब्रह्म के इस मिलन को बूँद और समुद्र का मिलन कहा है। उन्होंने लिखा है कि रत्नसेन योग-समाधि द्वारा तादात्म्य प्राप्त करके समुद्र (ब्रह्म) में बूँद (जीव) के समान विलीन हो गया।[64] उसमान ने भी ब्रह्म और जगत् के सम्बन्ध को समुद्र और लहर जैसा बताया है। ज्ञान दृष्टि से देखनेवालों को केवल समुद्र ही दिखायी देता है। ब्रह्म रूपी विशाल समुद्र में सम्पूर्ण सृष्टि बालू के कण के समान छिपी रहती है।[65]

जीव और ब्रह्म का भेद केवल भासमान् भेद है। अद्वैत वेदान्तियों की भाँति हिन्दी सूफ़ी कवियों ने भी ज्ञान दृष्टि द्वारा द्वैतभाव समाप्त करने और प्रेमिका के मिलन में इसी भाव को व्यक्त करते हुए लिखा है कि नेत्र एक दूसरे से मिलने पर इस प्रकार समरस हो जाते हैं कि जैसे पानी में बूँद मिल जाये। दोनों एक दूसरे पर इस प्रकार अनुरक्त होते हैं कि उनके दो शरीर न होकर मानो एक ही शरीर रह गया है।[66] प्रसिद्ध सूफ़ी सन्त और कवि अब्दुल कुद्दूस गंगोही ने ब्रह्म और जीव के सम्बन्ध को फूल और उसकी गन्ध अथवा पानी और उसके बुलबुले जैसा कहा है।[67] मंझन ने प्रेमी-प्रेमिका के वार्त्तालाप में इसी अद्वैत भावना का प्रतिपादन करते हुए लिखा है कि हम तुम दो नहीं प्रत्युत एक ही शरीर के अंग हैं। दोनों के शरीर की मिट्टियाँ एक ही नीर से सानी हुई हैं। दोनों एक मुख्य स्रोत की नालियाँ हैं। एक ही दीपक का प्रकाश दोनों के शरीर रूपी गृहों को उजागर करता रहता है। एक ही जीव दोनों के शरीरों में संचार करता है। एक ही अग्नि जैसे दो स्थानों पर प्रज्वलित है। उन दोनों में एक ही ज्योति, एक ही रूप, एक ही प्राण और एक ही शरीर है।[68] ब्रह्म और जीव के भासमान पार्थक्य के निरूपण के लिए 'नलदमन' के कवि सूरदास ने अद्वैत वेदान्तियों में प्रचलित दृष्टान्तों का भी अवलम्बन लिया है। वे लिखते हैं कि यह जीव ही सीव (ब्रह्म) है। रज्जु में सर्प के भ्रम के समान जीव अपने सम्बन्ध में भ्रम में पड़ा है। इसी भ्रम

के भय से मुक्त हो जाने पर जीव निर्भय होकर स्वयं ब्रह्म हो जाता है।[69] वे कहते हैं कि ब्रह्म चेतन और संसार जड़ है। इस जड़ और चेतन में कोई अन्तर नहीं है। यह अन्तर जल और बुलबुले के समान है। संसार का नामरूपात्मक जड़ भेद उसी प्रकार है जैसे एक सोने की शिला से पशु-पक्षियों के बहुत से चित्र बनाये गये हों। इनका नाम रूपात्मक भेद होते हुए भी सब तत्त्व रूप में सोना हैं। इसी प्रकार जड़ जगत् में नाम रूपात्मक भेद होते हुए भी सब तत्त्वतः ब्रह्म है।[70] चेतन ब्रह्म से जड़ जगत् में निर्माण में ब्रह्म ही उपादान कारण और निमित्त कारण दोनों माना जाता है। अद्वैत वेदान्ती इसे मकड़ी के जाले के उदाहरण द्वारा स्पष्ट करते हैं। इस उदाहरण को सूरदास ने भी ग्रहण किया है। इस प्रकार हिन्दी सूफ़ी कवियों ने अपनी दार्शनिक विचारधारा को अद्वैत वेदान्त के बहुत निकट लाने का प्रयास किया है।

ब्रह्म और जीव में अद्वैत या अभेद की स्थिति का निर्माण करना ही सूफ़ी-साधना का चरम लक्ष्य है। इस दशा को सूफ़ी 'फ़ना' कहते हैं। हिन्दी सूफ़ी कवियों ने इस दशा को प्रायः 'मरजीया' कहकर सम्बोधित किया है। अद्वैत वेदान्त में अद्वैतता के ज्ञान का अवलम्बन होता है। सूफ़ी प्रेममार्ग में मंझन के अनुसार पहले हृदय में प्रेम का भाव अवतरित होना चाहिए। फिर उससे ज्ञान उत्पन्न होता है जिससे आत्मतत्त्व का बोध होता है। इससे द्वन्द्व या द्वैत भाव समाप्त होकर सर्वत्र आदिआनन्दस्वरूप ब्रह्म ही दीख पड़ता है और जीव का अपना शारीरिक बोध समाप्त हो जाता है।[71] यह दशा ही 'मरजीया' दशा है जो अद्वैत वेदान्तियों की ब्राह्मी स्थिति या स्थितप्रज्ञता तथा योग-साधना की जीवन्मुक्तावस्था के समान ही चित्रित हुई है।

योग-साधना

चौदहवीं शताब्दी में सूफ़ी काव्य-रचना के आरम्भ के समय उत्तरी भारत में सिद्ध-साधकों और नाथ योगियों का पर्याप्त प्रभाव पड़ चुका था। योग-साधना के बल पर प्राप्त सिद्धियों के कारण लोगों पर इनका सिक्का जम गया था। इनकी साधना योगपरक और अनुभूतिमूलक थी। इन साधकों में गोरखनाथ सर्वाधिक प्रसिद्ध हुए। डॉ. हजारीप्रसाद द्विवेदी के अनुसार 'विक्रम संवत्' की दशवीं शताब्दी में भारतवर्ष के महान् गुरु गोरखनाथ का आविर्भाव हुआ। भारतवर्ष के कोने-कोने में उनके अनुयायी आज भी पाये जाते हैं। भक्ति आन्दोलन के पूर्व सबसे शक्तिशाली आन्दोलन गोरखनाथ का योगमार्ग ही था। भारतवर्ष में कोई ऐसी भाषा नहीं है जिसमें गोरखनाथ सम्बन्धी कहानियाँ न पायी जाती हों।[72]

ऐसे प्रभावशाली व्यक्तित्व की छाप और उसके साधना मार्ग का किसी-न-किसी रूप में प्रभाव परवर्ती हिन्दी काव्य पर स्पष्ट दीख पड़ता है। हिन्दी का समूचा सन्त और सूफ़ी काव्य गोरखपन्थी योगमार्ग के प्रभावों से आवेष्टित है। उनके पारिभाषिक शब्दों के प्रयोग, साधना मार्ग का निरूपण, कहानियों और वेशभूषाओं का उल्लेख आदि सूफ़ी प्रेमाख्यानों में प्रचुर मात्रा में मिलता है। अनेक सूफ़ी सन्तों के सम्बन्ध में भी योगियों की भाँति अलौकिक सिद्धियों की कहानियाँ मिलती हैं। सूफ़ी सन्तों की अलौकिक

करामातों के पीछे उनकी यौगिक साधना के संकेत मिलते हैं। शेख़ निज़ामुद्दीन औलिया ने करामात को चार भागों में विभक्त किया तथा उन्होंने ख़्वाजा अबू हफ्स निशापुरी का उदाहरण प्रस्तुत करते हुए बताया है कि वे मक्का जाने के मार्ग में बग़दाद में जुनैद से मिले। यद्यपि उन्हें अरबी भाषा का बिलकुल ज्ञान नहीं था पर करामात के सम्बल से उन्होंने जुनैद से सुन्दर अरबी में बातचीत की।[73] इस प्रकार बहुत सी अद्भुत करामातें निज़ामुद्दीन औलिया, शेख़ सलीम चिश्ती, जायसी आदि के सम्बन्ध में प्रचलित हैं।

हिन्दी सूफ़ी काव्य के अध्ययन से ज्ञात होता है कि ये कवि अपने काल में प्रचलित विभिन्न भारतीय पन्थों एवं सम्प्रदायों से परिचित थे। जायसी ने सिंहलद्वीप का वर्णन करते हुए लिखा है कि वहाँ स्थान-स्थान पर तीर्थस्थान थे, जहाँ तपी आसन लगाये बैठे रहते थे। उनमें कोई ऋषीश्वर, कोई संन्यासी, कोई रामजन, कोई मसवासी, ब्रह्मचारी, दिगम्बर, सरसुती, सिद्ध योगी, निराशपन्थी, माहेश्वर, जंगम, जती, देवी के उपासक आदि हैं। इसी प्रकार कासिमशाह ने भी विभिन्न प्रकार के योगी-यतियों का उल्लेख किया है। महा महन्थ, नाथ योगियों के साथ उन्होंने उरध्रबाह तथा नाना जटधारी, पुरी, गिरी, जलवासी, तिवारी, दण्डी, औघड़, कनफटा, सेवरा, यती, विरही, शरकटा, ब्रह्मवादी, संन्यासी, दूधाधारी, जंगमी, सूफ़ी, दरसनी और कबीरपन्थी आदि का उल्लेख किया है। इन उल्लेखों से पता चलता है कि सूफ़ी कवियों को तत्कालीन समाज में प्रचलित विभिन्न पन्थों का परिचय था।[74]

लोक प्रभाव की दृष्टि से इनमें पौराणिक ब्रह्म, धर्म और नाथ योगियों का विशेष प्रभाव था। इन दो सम्प्रदायों में परस्पर संघर्ष की स्थितियाँ भी रही होंगी। जायसी ने इस बात का संकेत किया है। हीरामन सुआ चित्तौड़ से लौटकर पद्मावती से शिकायत करता है कि तुम्हारा पिता ब्राह्मणों का पूजक और योगियों का वध करानेवाला है।[75] आगे चलकर गोस्वामी तुलसीदास ने भी इन दो पक्षों के संघर्ष का उल्लेख किया है। उन्होंने योग और भक्ति के विरोध के सम्बन्ध में कहा–

'गोरख जगायो जोग भगति भगायो लोग'

उन्होंने 'रामचरितमानस' में भी योगियों और सिद्धों पर व्यंग्य का अवसर निकाल लिया–

असुभ बेष भूषन धरे, भच्छाभच्छ जे खाँहि।
तेइ जोगी तेइ सिद्ध नर, पूजि ते कलिजुग माँहि।।[76]

गोसाईं जी के इस कथन से भी यह पता चलता है कि उस समय तक सिद्ध और योगियों ने समाज में सम्मानजनक स्थान प्राप्त कर लिया था।

हिन्दी सूफ़ी कवियों को योगियों और सिद्धों की बहुत-सी बातें अपने मत के अनुकूल लगीं और तत्कालीन समाज में समरस होने के लिए उन्होंने एक साधना मार्ग को आत्मसात् करके अपनी रचनाओं में उनका उल्लेख करने का प्रयास किया।

परिणामस्वरूप हिन्दी सूफ़ी काव्य में योगियों की साधना का प्रचुर प्रभाव पद-पद पर परिलक्षित होता है। इन कवियों ने प्रसिद्ध योगियों के नामों का अपनी रचना में बार-बार उल्लेख किया है। इनमें गोरखनाथ का सबसे अधिक उल्लेख हुआ है। इन कवियों ने 'गोरख' शब्द को मानो गुरु के पर्याय के रूप में स्वीकार कर लिया था। 'मृगावती' में रूपमिनी और राजकुँवर के संवाद में यह प्रयोग देखा जा सकता है—

पूछिसि कवन देस सो आयेहु, को गोरख को चेला।
पुरुखनाथ गुरु आह हमारे, गोरखपुर सो खेला।।[77]

जायसी के पदुमावति में गोरख शब्द का प्रयोग कई बार गुरु के अर्थ में हुआ है। हीरामन पद्मावती को जब रत्नसेन का सन्देश पहुँचाकर लौटता है तब कहता है कि 'गोरखनाथ' मिले और उनका (तुम्हारे लिये) उपदेश भी मिला। तुम्हारे ऊपर गुरु ने बड़ी कृपा की। उन्होंने तुम्हारा प्रणाम स्वीकार कर लिया और उसे आदिनाथ (शिव) को दे दिया।[78] इसी प्रकार 'गोरख' शब्द का प्रयोग पद्मावती की सखियाँ शयन-गृह में मूर्च्छित रत्नसेन को जगाते समय भी करती हैं :

अबहुँ जगावहि चेला जागू। आवा गुरु पाँय उठि लागू।
बोली सबद सहेलीं कान लागि गहि माँथ।
गोरख आइ ठाढ़ भा उठु रे चेला नाथ।।[79]

यहाँ 'गोरख' शब्द पद्मावती के लिए आया है। पद्मावती ब्रह्म का प्रतीक है। सन्त सूफ़ी काव्य में गुरु शब्द का प्रयोग ब्रह्म के लिए भी हुआ है।

गोरखनाथ के अतिरिक्त मच्छन्दरनाथ,[80] गोपीचन्द और कजलीबन[81] तथा भरथरी[82] आदि की प्रसिद्ध कथाएँ इन कवियों के प्रेमाख्यानों में आयी हैं। गोपीचन्द के योगी होकर कजलीबन जाने की कथा प्रसिद्ध है। सूफ़ी प्रेमाख्यानों के नायक भी योग ग्रहण करके कजलीबन जाते हैं और नाना प्रकार की यातनाएँ सहन करते हैं। 'मृगावती' का नायक अन्धकूप और पन्थहीन कजलीबन में पहुँचता है।[83] 'मधुमालती' का नायक भी योगी बनकर कजलीबन पहुँचता है जिसका मार्ग अत्यन्त दुर्गम, असूझ एवं दुःखद है।[84] इस प्रकार योगियों और उनकी कथाओं के संकेत सूफ़ी प्रेमाख्यानों में प्रचुर मात्रा में मिलते हैं जिनसे उनके योगमार्ग से प्रभावित होने का प्रमाण मिलता है।

सन्दर्भ

1. यूसुफ़ हुसेन : ग्लिम्पसेज आफ मेडिवल इण्डियन कल्चर, पृ. 36।
2. ख़ालिक़ अहमद निज़ामी : सम आसपेक्ट्स आफ रेलिजन एण्ड पालिटिक्स इन इण्डिया ड्यूरिंग थरटीन्थ सेन्चुरी, पृ. 263।
3. वही, पृ. 178।
4. अतहर अब्बास रिजवी : मुग़लकालीन भारत, भाग 2, पृ. 33।
5. अज़ीज़ अहमद : स्टडीज इन इस्लामिक कल्चर इन हिन्दू इनवायरनमेण्ट, पृ. 137।

6. बलदेव उपाध्याय : आर्य संस्कृति के आधार ग्रन्थ, पृ. 84।
7. एष सर्वेश्वर एष सर्वज्ञ एषोऽन्तर्याम्येष
   योनिः सर्वस्य प्रभावाप्ययौ हि भूतानाम।। माण्डूक्य. 1 लो. 6।
8. राहुल सांकृत्यायन : इस्लाम धर्म की रूपरेखा, पृ. 59।
9. माण्डूक्य., 1 लो. 211।
10. माताप्रसाद गुप्त : चान्दायन, छन्द 1-6।
11. वही, छन्द 6।
12. माताप्रसाद गुप्त : मृगावती, छन्द 4।
13. डॉ. कन्हैया सिंह : पदुमावति, छन्द 11।
14. माताप्रसाद गुप्त : मधुमालती, छन्द 18।
15. जगनमोहन वर्मा : चित्रावली, छन्द 1।
16. माताप्रसाद गुप्त : मधुमालती, छन्द 8।
17. कठोपनिषद्, 1-3-15।
18. वृहदारण्यक उपनिषद्, 3-8-8।
19. केनोपनिषद, 1-5।
20. तदेजति तन्नेजनति तद्‌दूरे तद्वन्तिके।
    तदन्तरस्य सर्वस्य सर्वस्यास्य बाह्यतः।। ईशा. 4-5।
21. नैषस्त्री न पुंमानेष न चैवायं नपुंसकः।
    यद्यच्छरीरमाद्रत्ते तेन तेन स युज्जते।। श्वेता., 5-10।
22. (अलख) निरंजन लखै न जाई। जोति सरूप जो लखत भुलाई।
    (....) मह सिध परमेसा। ना उहि तिरी ना पुरुष क भेषा।
    (मात) पिता बन्ध नहीं कोई। एक अकेल न दोसर होई।

    —माताप्रसाद गुप्त : मृगावती 601
23. अलख अरूप अबरन सो करता। वह सब सों सब ओहि सों बरता।
    परगट गुपुत सो सरब बियापी। धरमी चीह्न चीह्न नहि पापी।
    ना ओहि पूत न पिता न माता। ना ओहि कुटुम्ब न कोई संग नाता।
    जना न काहु न कोई ओहि जना। जहँ लगि सब ताकर सिरजना।
    ओइं कह कीह्न जहाँ लगि कोई। वह न कीह्न काहू कर होई।

    —डॉ. कन्हैया सिंह : पदुमावति छन्द 607
24. वासुदेवशरण अग्रवाल : सदमात, छन्द 7।
25. श्वेताश्वतरोपनिषद् : 3-19।
26. डॉ. कन्हैया सिंह : पदुमावती, छन्द 10।
27. माताप्रसाद गुप्त : मधुमालती, छन्द 1।
28. वही, छन्द 5।
29. वासुदेवशरण अग्रवाल : नलदमन, पृ. 6।
30. डॉ. कन्हैया सिंह : पदुमावति (टिप्पणी), छन्द 1।

31. माताप्रसाद गुप्त : मधुमालती, छन्द 3।
32. वही, छन्द 1।
33. वही, छन्द 25।
34. मृगावती छन्द 1।
35. माताप्रसाद गुप्त : मधुमालती छन्द 1, 2।
36. पहले नूर मुहम्मद कीन्हाँ। पाछे तेहिक चिता सब लीन्हाँ।
(औ) तेहिं लगी आपुहिं परगटा। सीउ सकति कीतिसि दुइ घटा।
—मा. प्र. गुप्त : मृगावती, छन्द 4।
37. गजपति यह मन सकती सोऊ। पै जहि पेम कहाँ तेहि जीऊ।
—डॉ. कन्हैया सिंह : पदुमावति, छन्द 142।
38. सबइ नास्ति वह अस्थिर अइस साज जेहि केर।
एक साइज अउ भाँजइ चहइ सँवारइ फेरि।।
—पदुमावति छन्द 6
39. बहुतन्ह अइस रोइ सिर मारा। हाथ न रहा झूठ संसारा।
—वही छन्द 411
40. वही, छन्द 647।
41. वही, छन्द 651।
42. मा. प्र. गुप्त : मृगावती, छन्द 1।
43. गुपुत रहै परगट जग बेरसै सरब बियापक सोई।
दूजा कोइ न आहै और भवा नहिं होइ।।
—मा. प्र. गुप्त : मधुमालती, छन्द 4।
44. श्याममनोहर पाण्डेय : सूफ़ी काव्य विमर्श, पृ. 166।
45. एम.एम. शरीफ : हिस्ट्री आफ द मुस्लिम फिलासफी, पृ. 413।
46. सिरजसि सभ संसार सपूरन जल महियल सोइ।
जहि कर ठांव न जानीए तित बिन ठांव न होई।।
—मा.प्र. गुप्त चन्दायन, छ. 2।
47. डॉ. कन्हैया सिंह : पदुमावति छन्द 7।
48. कया क करम जान पै रोगी भोगी रहै निचिन्त।
सब कर मरम गोसाई जानइ जो घट-घट मह निन्त।।
—वही, छन्द 9।
49. बास फूल घिउ छीर जस निरमल नीर मठांह।
तस कि घटैं घट पुरुख ज्यों रे अगिनि कठांह।।
—वही, छन्द 644।
50. हम कहँ जानहु प्रीतम साई। जग भीतर मेंहदी की नाई।
—श्यामसुन्दर दास : इन्द्रावती, पृ. 80।
51. चम्प चमेली केवड़ा कहैं दूरि नहिं पीउ।

ढूँढ़ि लेहु हम बांस ज्यों घट-घट सोई जीउ।।

—वा. श. अग्रवाल : नलदमन, पृ. 33

52. श्वेता, 1-15।

53. मा. प्र. गुप्त : मधुमालती, छन्द 2।

54. वही, छन्द 37।

55. दुहुँ जग जाकी उपमा नाहीं। रे मन सोइ बसै तोहि माहीं।
का ढढ़हिं जहँ तहाँ उदासा। मृग ज्यों तृण-तृण ढूंढ़त बासा।
जब किरात नाभि कटि लेई। मृग पछताइ तहाँ जिउ देई।
मृगमद माह बास ज्यों रहई। त्यों घट माह निरंजन अहई।

—जगन्मोहन वर्मा : चित्रावली, छन्द 112।

56. रामपूजन तिवारी : हिन्दी सूफ़ी काव्य की भूमिका, पृ. 212।

57. जानु आहि दरपन मोर हिया। तेहि मह दरस दिखावै पिया।

—डॉ. कन्हैया सिंह : पदुमावति, छन्द 401।

58. वही, छन्द 107।

59. पाये रूप रूप जस चहे। ससि मुख सब दरपन होई रहे।
नैन जो देखे कंवल भए, निरमल नीर सरीर।
हँसत जो देखे हंस भए, दसन जाति नग हीर।।

—वही, छन्द 65।

60. दूसर ना कतहू तुव जोरा। दरपन सिस्टि रूप मुख तोरा।

—मा. प्र. गुप्त : मधुमालती, छन्द 6।

61. जग में जावत हैं सब बना। तावत करता को दरपना।
दीठि होइ तो देखहु तन आदरस मंझार।
बदन बिराजत है तेहिक जेहिंक सकल संसार।

—श्यामसुन्दर दास : इन्द्रावती, पृ. 56।

62. एकै जोति जगत उजियारा। एकै रूप मोह संसारा।
एकै जड़ पालौ बहुतेरे। एकै फल औ बीज घनेरे।
एकै सूरज किरन अनेका। एके चन्द्रजोति जग चमका।
एक समुन्दर नदी सहासा। एक बूँद जल थल सब ग्रासा।
एकै ब्रह्म औ दूसर नाहीं। जग माता बाकी परछाहीं।
एकै एक देख दरपनिया। दूसर दिस्टि न आउ चखनियाँ।

—उदयशंकर शास्त्री : भाषा प्रेमरस, छन्द 99।

63. तैं जो समुंद लहरि मैं तोरी। तै रबि मैं जग किरन अँजोरी।
मोहि आपुहिं जनि जाननिहारा। मैं सरीर तुइ प्रान पियारा।
मोहि तोहि को पारै बेगराई। एक जोति दुइ भाउ दिखाई।

—मा. प्र. गुप्त : मधुमालती, छन्द 118।

64. बूँदहि समुंद जैस होइ मेरा। गा हेराइ तस मिलै न हेरा।

—डॉ. कन्हैया सिंह : पदुमावति, छन्द 235।

65. दूसर जगत नाम जिन पावा। जैसे सहरी (लहरी) उदधि कहावा।
ज्ञान नैन जो देखै कोई। वारिधि बिना आन नहिं होई।
जहवाँ सिन्धु अपार अति बिनु तट बिनु परिमान।
सकल सिष्टि तेहिमां गुपुत बालू कनक समान।।

—जगन्मोहन वर्मा : चित्रावली, छन्द 2।

66. लोचन चारि होत मिलि जाहीं। जस पानी महँ बूँद समाहीं।
दुइ ना रहे एकै भै गाता। वह वोहि राता वोहि वह राता।

—मा. प्र. गुप्त : मृगावती, छन्द 269।

67. एक अकेला साइयाँ दुइ दुइ कहो न कोय।
बास फूल है एक ही कह क्यों दूजा होय।।
जल ते ओफन बुल-बुला जलहीं मांहि बिलाय।
तैसा यह संसार सभ मूलह जाय समाय।।

—परशुराम चतुर्वेदी : सूफ़ी काव्य संग्रह, पृ. 226।

68. औ मैं तुइ दुइ एक सरीरा। दुइ माटी सानी एक नीरा।
एक बारी दुइ बहै पनारी। एक दिया दुइ घर उजियारी।।
एक जीव दुइ घर संचारा। एक अगिनि दुइ ठाएँ बारा।
एकै जोति रूप पुनि एकै एक परान एक देह।
आपुहि आप जो देइ कोइ चाहैं तेहि कर कौन सन्देह।।

—मा. प्र. गुप्त : मधुमालती, छन्द 171।

69. प्रकट असूझ रूप निज सूझा। बूझा चहिय मरम सो बूझा।
हुती जो रजु विषधर कै मानी। सो अब निज रुचि कै रजु जानी।
मिटा भरम भय निरभय भयऊ। हुता जो जीव सीव होइ गयऊ।

—वा. श. अग्रवाल : नलदमन, पृ. 11।

70. जड़ चेतन अन्तर पुनि नाहीं। सबै समाइ रहै ता माहीं।
ज्यों जल माहिं बुदबुदा भएऊ। है जल नांव और होइ गयऊ।
गांठि छूटि जब जलहिं समाना। जल को जल कछु भयो न आना।
कनक सिला ज्यों चित्र बनाए। पसु पंछी लिखि नांव धराए।
एक कनक होइ रहा अनेका। कारण छूट एक को एका।

—वही, पृ. 5।

71. जड़ कछु दूजे वस्तु न जाना। मकरी कै जारा कै माना।
काढ़ि आपु सो कौतुक कीन्हा। औ छिन माहिं लीलि पुनि लीन्हा।
72. हजारीप्रसाद द्विवेदी : नाथ सम्प्रदाय, पृ. 96।
73. मोहम्मद नूरनबी : डेवलपमेण्ट आफ मुस्लिम रेलिजस थाट इन इण्डिया, पृ. 78।
74. कासिम शाह : हंस जवाहिर, पृ. 115।

75. पिता तुम्हारा राज कर भोगी, पूजै विप्र मरावै जोगी।

—डॉ. कन्हैया सिंह : पदुमावति, छन्द, 256।

76. मा. प्र. गुप्त : रामचरितमानस उत्तर. दो. 98।

77. शिवगोपाल मिश्र : मृगावती, छन्द 123।

78. डॉ. कन्हैया सिंह : पदुमावति, छन्द 182।

79. वही, छन्द 303।

80. वही, छन्द 238।

81. वही, छन्द 238।

82. वही, छन्द 132।

83. शिवगोपाल मिश्र : मृगावती, छन्द 124।

84. मा. प्र. गुप्त : मधुमालती, छन्द 181।

8
योग और प्रेम

नाथपन्थियों के उपास्य शिव हैं। उनके अनुसार परम शिव ही सृष्टि करने की इच्छा से शिव और शक्ति दो रूपों में प्रकट होता है। प्रथम तत्त्व (शिव) पाँच अवस्थाओं से अग्रसर होता हुआ परमात्मा या सगुण शिव तथा द्वितीय तत्त्व (शक्ति) पाँच अवस्थाओं में अग्रसर होता हुआ 'कुण्डली' या 'कुण्डलिनी' के रूप में प्रकट होता है।[1] ये तत्त्व जिस प्रकार ब्रह्माण्ड में व्याप्त हैं, उसी प्रकार लघु रूप में पिण्ड में भी विद्यमान रहते हैं। 'संसार में जो कुछ पिण्ड में है, वह वस्तुतः उसी प्रक्रिया से गुज़रता हुआ बना है जिस अवस्था में से यह समूचा ब्रह्माण्ड बना है। सबमें वही तत्त्व ज्यों-के-त्यों हैं।'[2] शरीर के अन्दर ही शिव और शक्ति के विद्यमान होने के कारण अन्तरंग साधना द्वारा परमानन्द प्राप्त करना योगियों का उपदिष्ट मार्ग है। इस बात का मंझन ने बड़े सुन्दर ढंग से संकेत किया है–

सत कहौं सत जानहु सत साथी नौ खण्ड।
मानुस जौ सत सेंउ रहै पिण्ड चढ़ै ब्रह्माण्ड।।[3]

अन्तरंग साधना के उपरिनिर्दिष्ट मार्ग को योगमार्ग कहा जाता है। हठयोग, कुण्डलिनीयोग तथा सुरतिशब्दयोग आदि नाम दिये गये हैं। इसमें साधना द्वारा मेरुदण्ड के निचले भाग में स्थित निम्न मुख कुण्डलिनी को ऊर्ध्वमुख करके ऊपर ले जाते हैं। कुण्डलिनी सुषुम्ना के मार्ग से अग्रसर होकर शरीर में स्थित छह चक्रों का भेदन करके अन्तिम सहस्रार चक्र का भेदन करती है और उसके उपरान्त वह ब्रह्माण्ड में स्थित बन्द द्वार को, जिसे ब्रह्मरन्ध्र कहते हैं, खोलकर बाहर निकलती है जिससे अनाहत नाद होता है। शरीर में नौ द्वार-नौ इन्द्रियों के द्वार होते हैं। श्वेताश्वतरोपनिषद् में शरीर को नौ द्वारोंवाली पुरी कहा गया है–

नवद्वारे पुरी देही हंसो लेलायते बहिः।
वशी सर्वस्य लोकस्य स्थावरस्य चरस्य च।।[4]

योगी इनके अतिरिक्त दशम द्वार ब्रह्मरन्ध्र को मानते हैं जो कुण्डलिनी द्वारा ही उद्घाटित होता है। ब्रह्मरन्ध्र को उद्घाटित करके जब कुण्डलिनी बाहर निकलती है और अनाहतनाद होता है तब योग निर्विकल्प समाधि की चरम अवस्था में पहुँचता है। यह अवस्था परमानन्द या ब्रह्मानुभूति की अवस्था होती है। इसे सहजावस्था, मुक्तावस्था, सर्वशून्यावस्था या शून्यावस्था आदि कहा गया है।

योग-साधना के इस मूल विषय को हिन्दी सूफ़ी कवियों ने अपने प्रेमाख्यानों में रूपकों के द्वारा व्यक्त किया है। सभी प्रेमाख्यानों के रचयिता सूफ़ी कवियों ने नायिका (ब्रह्म) की प्राप्ति की प्रयत्नावस्था में नायक के योगी बनने, कष्ट झेलने (साधना) और मरजीया दशा (मुक्तावस्था) प्राप्त करने का वर्णन किया है। पर प्रारम्भिक सूफ़ी कवियों में जायसी और मंझन ने इस साधना के सूक्ष्म तत्त्वों को भी अपने काव्य में स्थान दिया है जिसका विवेचन करना समीचीन होगा।

जायसी ने सिंहलगढ़ वर्णन के प्रसंग में मानव शरीर को एक गढ़ के समान कहा है। यह वर्णन योग-साधना के संकेतों से परिपूर्ण है। उनके अनुसार शरीर में नौ द्वार और नौ खण्ड हैं। जो इन नौ द्वारों को पार करके दशम द्वार के दुर्गम चढ़ाव तथा शरीर के नौ खण्डों को पार कर लेता है वह ब्रह्माण्ड में पहुँच जाता है।[5] दसवाँ द्वार गुप्त द्वार है तथा उस पर चलना बड़ा दुर्गम है।[6] डॉ. वासुदेवशरण अग्रवाल ने इस प्रसंग पर टिप्पणी करते हुए लिखा है कि 'नौ पौरी शरीर के नौ द्वार हैं, जिनका उल्लेख अथर्ववेद के 'अष्टचक्रा नवद्वारा देवानां पूरयोध्या' इस वर्णन से ही मिलने लगता है। जायसी ने इन नवों द्वारों की कल्पना को शरीरस्थ चक्रों के साथ मिला दिया है और उन्हें नौ खण्डों के साथ सम्बन्धित करके एक-एक खण्ड का एक-एक द्वार कहा है। इन नौ के ऊपर दसवाँ द्वार है। मध्यकालीन साहित्य में इस दसवें द्वार का बहुत उल्लेख आता है। कहा है कि सहस्रार का अमृत इसी दशम द्वार में होकर नीचे झरता है। सुषुम्ना जिस मार्ग से ब्रह्माण्ड या मस्तक में प्रवेश करती है वहीं यह दसवाँ द्वार है।[7]

जायसी के अनुसार इन नवों द्वारों का भेदन अत्यन्त दुष्कर है। इन द्वारों पर वज्र किवाड़ लगे हैं और इन पर हजारों पहरेदार भी हैं। इनके रक्षक पाँच कोटवार हैं जो सदैव भ्रमण करते रहते हैं।[8] इन नवों द्वारों के ऊपर दसवाँ द्वार है जिस पर राज घड़ियाल बजता रहता है।[9] इस गढ़ ऊपर के नीर खीर नाम की दो नदियाँ बहती हैं। इसमें एक अमृतकुण्ड है जो मोती के चूर्ण और कपूँर कीच से युक्त है। इसके निकट ही एक सुवर्ण वृक्ष है जो कल्पतरु के समान है। चन्द्रमा उस वृक्ष के पत्र और तारागण फूल हैं। नौ द्वार और दशम द्वार की स्थिति तो स्पष्ट की जा चुकी है। पाँच कोटवार शरीरस्थ पञ्चेन्द्रियों के रस-श्रवण, दर्शन, घ्राण, स्पर्श, रसना हैं। इन्हें पाँच देव भी कहा गया है। गोरक्षशतक (श्लोक 14) में कहा गया है कि एक स्तम्भ और नौ द्वारवाले शरीर को, जिसमें पाँच देवताओं का वास है जाने बिना योगी सिद्धि लाभ नहीं कर सकता–

एक स्तम्भनवद्वारं गृहं पञ्चाधिदैवतं।
स्व देहं ये न जानन्ति कथं सिद्धयन्ति योगिनः।।

दशम द्वार पर बजनेवाला राज घड़ियाल अनाहत नाद है। अमृतकुण्ड नाथ योगियों का अमृत सरोवर या औंधा कूप है। उनके अनुसार सहस्रार में चन्द्र का वास है जिससे अमृत झरता रहता है। योगी उसी अमृत का पान करता है। इसी को अमृत सरोवर या अमृत कुण्ड कहा जाता है। गोरखनाथ ने उसे औंधा कुआँ कहा है–

गगन मण्डल में औंधा कुआँ तहं अमृत का बासा।
सगुरा होय त झर-झर पिया निगुरा जाय पियासा।।[10]

सन्तों ने भी इस कूप के वर्णन की परम्परा का निर्वाह किया है। पलटू साहब ने लिखा है–

प्रेम की घटा में बुंद परै टपाटम, गरज आकास ब रसात होती।
गगन के बीच में कूप है अधोमुख, कूप के बीच एक बहै सोती।
उठत गुंजार है कुंज की गली में, फोरि आकास तब चली जोती।
मान सरोवर में सहसदल कमल है, दास पलटू हंस चुगै मोती।[11]

जायसी ने इस प्रसंग में जिस सुवर्ण वृक्ष की चर्चा की है उसके लिए इस्लामी प्रतीकों की ओर जाने की आवश्यकता नहीं है। सिद्ध योगियों ने भी प्रकाशमान् वृक्ष के प्रतीक को ग्रहण किया है। भुसुकपाद ने सहज (सहजावस्था) को एक वृक्ष के समान कहा है जो तीनों लोकों में प्रकाशमान् है।[12] जायसी ने अपने सिंहलगढ़ वर्णन के उपादानों की संकेतगर्भिता को स्वयं स्पष्ट कर दिया है–

गढ़ तस बाँक जैसि तोरि काया, परखि देखि तै ओहि की छाया।[13]

उपर्युक्त विवेचन से यह भी प्रतीत होता है कि ये प्रतीक सिद्धों और नाथों से ग्रहण किये गये हैं।

जायसी ने प्राणायाम द्वारा मन को वश में करने का भी संकेत किया है। उनके अनुसार 'शरीरस्थ दशम द्वार, (ब्रह्मरन्ध्र) ताड़ के वृक्ष के समान ऊँचा है। इसे वही देख पाता है जो उलटी दृष्टि रखता है। इस द्वार तक वही पहुँचता है जो अपनी श्वास और मन को वश में कर लेता है।[14] एक समय था जब योगियों में 'उलटा साधन' का बड़ा प्रचार था। कबीर आदि ने मन को सामान्य विषय प्रवृत्ति से हटा लेने को 'उलटना' कहा है–'अब मन उलटि सनातन हुआ।' जायसी ने योगी रत्नसेन की साधना का उल्लेख करते हुए स्पष्ट शब्दों में योग-साधना के प्रचलित शब्दों का प्रयोग करते हुए लिखा है–

राजा इहाँ तैस तपि झूरा। भा जरि बिरह छार कर कूरा।
x x x
गही पिंगला सुखमन नारी। सुन्नि समाधि लागि गो तारी।
बुन्दहिं समुद जैस होइ मेरा। गा हेराइ तस मिलै न हेरा।
रंगहिं पानि मिला जस होई। आपुहिं खोइ रहा होइ सोई।[15]

मंझन ने भी अपने गुरु शेख मुहम्मद ग़ौस की साधना का उल्लेख करते हुए उनके बारह वर्ष तक तपस्या करने, अपान वायु को साधने और समाधि लगाने का उल्लेख किया है–

मन मत्तंग मारि बस किया। ग्यान महारस अम्ब्रित पिया।
साहस उदित अपान साधिकै, लीन्हि सिद्धि अवराधि।
बारह बरिख रहे बन परबत लाए जो ब्रह्म समाधि।।[16]

मंझन ने योगियों के पारिभाषिक शब्दों का सर्वाधिक प्रयोग किया है। श्वास को ऊपर खींचकर प्राणायाम की साधना करने, अनाहत नाद सुनने और सर्वशून्य अवस्था कविलास या शून्य मन्दिर की प्राप्ति का भी उन्होंने वर्णन किया है।[17] नाथ योगियों में 'सहज समाधि' बहुत प्रचलित थी जिसका वर्णन सन्तों की बानियों में पर्याप्त मिलता है। मंझन ने सहज समाधि लगाने का उल्लेख किया है।[18] अन्य कवियों ने भी इन पारिभाषिक शब्दों का प्रयोग पर्याप्त मात्रा में किया है। नूरमोहम्मद ने लिखा है कि अपने गुणों से जो सिद्ध हो जाता है, वही अनाहत नाद सुन सकता है–

नाद अनाहद अंहद सुनै अनाहद कौन।
सिद्ध होइ अपने गुन सुनै अनाहद तौन।।[19]

इनके अतिरिक्त सूफ़ियों ने योग-साधना के कुछ अन्य पारिभाषिक प्रतीकों को अपने काव्य में ग्रहण किया है जिन पर भी कुछ विचार करना उचित है।

सूर्य-चन्द्र

सूफ़ी कवियों ने सूर्य-चन्द्र को नायक-नायिका के प्रतीक के रूप में ग्रहण किया है। नायक-नायिका का मिलन सूर्य-चन्द्र का मिलन कहा गया है।[20] 'चन्दायन' की नायिका चाँद को चन्द्र और कथा नायक लोरिक को सूर्य कहा गया है। लोरिक जब चाँद के धवलगृह में पहुँचता है तब रात में दोनों की परस्पर रस-वार्त्ता के बाद प्रभात होने पर उसे चाँद सेज के नीचे छिपा देती है। इसे चन्द्र द्वारा सूर्य का छिपाया जाना कहा गया है।[21] चाँद और सूर्य के इस मिलन को शक्ति और रूप का मिलन भी कहा गया है।[22] 'मृगावती' में नायक को सूर्य और शंकर तथा नायिका को शशि और पार्वती कहा गया है।[23] दूसरे शब्दों में इसे शिव और शक्ति कहा जा सकता है। जायसी ने सूर्य और चन्द्र के इस प्रतीक का पर्याप्त प्रयोग किया है। उन्होंने लिखा है कि सूर्य पुरुष और चाँद नारी है। चाँद और सूर्य का विवाह पद्मावती-रत्नसेन का विवाह है।[24] उनके मिलन को चन्द्र और सूर्य का मिलन कहा है।[25] 'मधुमालती' के कवि ने भी इसी नायक-नायिका के स्नेहपूर्ण मिलन को रवि-शशि का मिलन कहा है।[26]

निश्चय ही सूफ़ियों ने सूर्य-चन्द्र का प्रयोग एक रूढ़ि के रूप में किया है जिसके पीछे सिद्धयोगियों के पारिभाषिक संकेत विद्यमान हैं। सिद्ध योगियों में इस प्रतीक की परम्परा का उल्लेख करते हुए डॉ. वासुदेवशरण अग्रवाल ने लिखा है कि 'सिद्ध योगियों में चन्द्र-सूर्य का प्रतीक बहुत प्रचलित था। आचार्य विनय श्री के एक गीत में आया है– *'चन्दा आदिज समरस जोए'* अर्थात् चन्द्र और सूर्य को समरमता से युक्त करना चाहिए। एक दूसरी उक्ति है– *चाँद सूज वेण्णि पंखा झाल* (गुण्डरीपा) अर्थात् चन्द्र और सूर्य नाम के दोनों पंखों को काट डाल। इड़ा, पिंगला में संचरण करते हुए प्राण को वहाँ से हटाकर सुषुम्ना में स्थित कर। गोरखनाथ ने भी चन्द्र-सूर्य के प्रतीकों का प्रयोग किया है– *'जिहि घर चन्द सूर नहिं ऊवौ, तिही घर होसि उजियारा।'* चन्द्र-सूर्य के मिलन को सूफ़ी कवियों ने समरस होना कहा है। इस सम्बन्ध में डॉ. अग्रवाल ने लिखा है कि

'समरस होना ही युगनद्ध होना, अद्वय होना या यामल भाव को प्राप्त होना है। ये पुरानी परिभाषाएँ थीं। उन सबका अन्तर्भाव रवि-शशि या सूर्य-चन्द्र की व्यापक परिभाषा में मान लिया गया। सूर्य-चन्द्र पुरुष-स्त्री के प्रतीक बन गये। सिद्धों में चन्द्र सूर्य के रूपक का बहुत प्रचार था। उसी को सूफ़ियों ने स्वीकार करके अपने ढंग से उसका विस्तार किया।

हठयोग में 'ह' को सूर्य और 'ठ' को चन्द्र कहा गया है और इन दोनों के योग को ही हठयोग कहते हैं।[27] नाथ सम्प्रदाय में इन दो शब्दों की कई प्रकार से व्याख्याएँ की गयी हैं। गोरक्षशतक (श्लो. 32) में इड़ा पिंगला और सुषुम्ना को क्रमशः चन्द्र, सूर्य और अग्नि कहा है। इड़ा स्त्री तत्त्व है और पिंगला पुरुष तत्त्व है सूर्य से प्राणवायु और चन्द्र से अपान वायु भी समझा जाता है। कृष्णाचार्यपाद के दोहाकोष में बायीं नासिका और दक्षिण नासिका से प्राणवायु को वहन करनेवाली नाड़ियों को क्रमशः चन्द्र और सूर्य कहा गया है। बायीं ओरवाली नाड़ी को ललना भी कहते हैं, यही प्रज्ञाचन्द्र है और दाहिनी ओरवाली नाड़ी को रसना कहते हैं, जो उपाय सूर्य है। गोरक्षशतक (श्लो. 74) में बिन्दु को शिव और सूर्य और रजस् को शक्ति और चन्द्र भी कहा गया है और इन दोनों तत्त्वों के योग से परमपद की प्राप्ति बतलायी गयी है।[28] इसीलिए सूफ़ी कवियों ने भी चन्द्र-सूर्य की भाँति नायक नायिका के मिलन को शिव और शक्ति का मिलन कहा है।

सूफ़ियों ने चन्द्र और सूर्य ने इन प्रतीकों को ग्रहण करके इनमें जो माधुर्यभाव निर्माण किया है, उसकी परम्परा भी वज्रयानियों के प्रज्ञा और उपाय के प्रतीकों में मिलती है महायान के बोधिचित्त का विकास युगनद्ध भाव की आनन्दावस्था तक हुआ। 'बोधिचित्त की अवस्था ने वज्रयान के योगक्षेत्र में स्त्री-पुरुष के मिलन की आनन्दावस्था का रूप धारण किया और प्रज्ञा तथा उपाय की साधना का प्रचलन हुआ। महायानी शून्यता ने प्रज्ञा का रूप धारण किया और करुणा ने उपाय का रूप धारण किया। इस प्रकार वज्रयान में शिव और शक्ति की रागात्मक अवस्था का प्रज्ञा और उपाय के रूप में वर्णन हुआ है। वज्रयानियों ने अपने बोधिसत्त्व को बोधिचित्त का पर्याय माना और उसे प्रज्ञा और उपाय का युगनद्ध रूप कहा।[29] यही प्रज्ञा चन्द्र और उपाय सूर्य का युगनद्ध भाव सूफ़ियों में चन्द्र-सूर्य संकेत से नायिका और नायक के मिलन के रूप में समरसता, मिलन या महासुख की अवस्था का द्योतक होकर प्रकट हुआ।

सरगपन्थ, सरग और कबिलास

इन शब्दों का प्रयोग भी सूफ़ी कवियों ने पारिभाषिक रूप में किया। जायसी ने सात खण्ड के धौरहरा के सर्वोच्च भाग में पद्मावती की 'सेज सुखबासू' का वर्णन किया है और उस स्थान को 'कबिलास' कहा गया है।[30] अन्य स्थान पर धौरहरा के सर्वोच्च भाग को उन्होंने 'सरग' भी कहा है।[31] यह सातवाँ खण्ड शरीरस्थ छह चक्रों के बाद सातवें

सहस्रार चक्र का प्रतीक माना जा सकता है। इन चक्रों के भेदन द्वारा कुण्डलिनी को सहस्रार तक पहुँचाकर महासुख की अवस्था प्राप्त करना ही 'सुखवासी' है। उस उच्च स्थिति तक जाने के मार्ग को उन्होंने 'सरग दुवारी' कहा है।[32] यह 'सरग दुवारी' सुषुम्ना का संकीर्ण मार्ग माना जा सकता है।

'चन्दायन' में भी चाँद के निवासवाले धवल गृह को इसी प्रकार चित्रित किया गया है।[33] यहाँ चाँद के निवास-स्थल की सर्वोच्च मंज़िल को 'स्वर्ग' और वहाँ तक पहुँचने के मार्ग को 'स्वर्गपन्थ' कहा गया है। वहाँ पहुँचने पर या तो फाँसी पर झूलना पड़ता है अथवा सूर्य और चन्द्र का मिलना होता है और सूर्य चन्द्र का भोग करता है। इस साधना में जायसी ने जिस प्रकार 'उल्टी दृष्टि' करने की बात कही है उसी प्रकार दाऊद इसे 'सरगपन्थ में नेत्र लगाना' कहते हैं।[34]

'चन्दायन' में चाँद के धवल गृह पर चढ़ने के लिए लोरिक ने एक बरहा का सहारा लिया है। सम्भव है यह बरहा कुण्डलिनी के प्रतीक के रूप में भी कवि की दृष्टि में रहा हो? कुण्डलिनी सर्प के आकार की मानी जाती है, यह बरहा भी वैसा ही कहा गया है–

मुख भुवंग जनु धर हुत काढ़ा। हाथ तीस एक आछइ ठाढ़ा।[35]

उसमें खण्ड-खण्ड पर फन्दे लगे हैं जिस पर बीर लोरिक सँभल-सँभलकर पैर रख सके। सम्भव है इन फन्दों में विभिन्न चक्रों का संकेत हो। लोरिक धौराहार पर चढ़कर उस विषम आवास को देखता है। उस 'स्वर्ग' में 'पृथ्वी' की कोई आहट नहीं है और न कोई उसके आस-पास है।[36] वह स्थल अत्यन्त प्रकाशमान् है। रात में दिन जैसा लगता है। वहाँ लोरिक के पैर नहीं टिकते। लेकिन उसने वहाँ वह दृश्य देखा जो किसी ने भी नहीं देखा था।[37]

कुतुबन ने भी नायिका के निवास को ऊँचे शिखर पर बताया है, जिसका मार्ग इतना सँकरा है कि चींटी भी वहाँ प्रवेश नहीं पा सकती।[38] जायसी ने भी इस गुप्त मार्ग में चींटी के समान सूक्ष्म होकर प्रवेश करने का उल्लेख किया है।[39] मंझन ने शेख़ मुहम्मद, ग़ौस की साधना द्वारा 'महारस' रूपी अमृत पान करना कहा है। 'महारस' महासुखावस्था के लिए प्रयुक्त हुआ लगता है जिसमें साधक सहस्रार से झरनेवाले अमृत का पान किया करता है।

जिस स्थल को इन कवियों ने स्वर्ग, कैलाश या ब्रह्माण्ड कहा है वह अत्यन्त अगम और असूझ कहा गया है। वहाँ साधारण मनुष्य की गति नहीं है। जायसी के अनुसार वहाँ न चाँद है न सूर्य। वहाँ वही पहुँच पाता है जो इस मार्ग को जान लेता है। दस में कोई विरला ही वहाँ पहुँच पाता है। जो 'करम-धरम, सत्य और नेम' का पालन करता हुआ जाता है।[40] सिंहलगढ़, जिसके सर्वोच्च भाग में पद्मावती रहती है, वहाँ चाँद, सूर्य, नक्षत्र, पवन, अग्नि, जल किसी का प्रवेश नहीं है।[41] मंझन ने भी मधुमालती के निवास-स्थान की दुर्गमता का वर्णन करते हुए कहा है कि वहाँ चारों दिशाओं में अगम दरवाज़े लगे हैं, आस-पास बहुत-से पहरेदार हैं। वह सात खण्डों का भँवरदार महल है,

जहाँ समीर का भी संचार नहीं हो सकता।[42] विवाह के उपरान्त नायक और नायिका के मिलन-स्थल को 'सुखशाला' कहा गया जहाँ 'सुरत-रस' सम्पन्न हुआ।[43]

मंझन ने 'कबिलास' की योगपरक व्याख्या स्वयं उपस्थित कर दी है जिससे पूर्ववर्ती सूफ़ी कवियों द्वारा प्रयुक्त इन प्रतीकों का स्पष्टीकरण हो जाता है। मंझन ने योग-साधना द्वारा नाद सुनने और हृदय में ज्ञानज्योति प्रज्ज्वलित करने का उल्लेख किया है और स्पष्ट लिखा है कि उसी ज्योति में 'कबिलास' है जिसे विरले ही भोग पाते हैं।[44] वह 'शून्य' में स्थित है और वहाँ अवाध विलास है। कवि मंझन ने अपनी रचना के प्रारम्भ में ही साधना सम्बन्धी तत्त्वज्ञान को स्पष्ट कर दिया है। वे लिखते हैं कि मानसिक चेतना, बुद्धि, ज्ञान और शारीरिक बोध को छोड़कर ध्यान लगाने और समाधि ग्रहण करने पर आत्मतत्त्व की प्राप्ति होती है। उसी में साधक अपने-आपको खो देता है और उसे निर्गुण, निरंजन और शून्य की प्राप्ति होती है। जहाँ ज्ञान के लिए भी अज्ञान है, वहीं सहज समाधि लगानी श्रेयस्कर है जिससे स्वयमेव आत्मबोध हो सके।[45] इन बातों द्वारा कवि ने इन प्रतीकों के मूलस्रोत की ओर स्पष्ट संकेत कर दिया है।

नाथ योगियों ने भी 'कैलाश' शब्द का पारिभाषिक प्रयोग किया है। सहस्रार चक्र ही उनके अनुसार कैलाश है, जो ब्रह्माण्ड में स्थित है तथा शिव जहाँ निवास करते हैं—

अति उर्ध्व दिव्य रूपं सहस्रारं सरोरुहं।
ब्रह्माण्ड व्यस्तदेहस्थं वाह्ये तिष्ठति सर्वदा
कैलाशो नाम तस्यैव महेशो तत्र तिष्ठत।[46]

यह स्थान मन और पवन के संचरण के लिए दुरूह तथा रवि-शशि के प्रवेश से भी परे उसी प्रकार कहा गया है जैसे सूफ़ी कवियों ने कहा है। सरहपाद की इस सम्बन्ध में सुप्रसिद्ध उक्ति है—

जहि मन पवन न संचरइ रवि शशि नाह पवेश।
तहि बट चित्त बिसाम करु सरहे कहिअ उवेश।

सोना और सुहाग :

वज्रयान में प्रज्ञा और उपाय का मिलन स्त्री-पुरुष के मिलन की आनन्दावस्था के रूप में निरूपित हुआ है। इस प्रकार वहाँ शिव और शक्ति की सुहागावस्था का वर्णन मिलता है।[47] सूफ़ियों ने इस 'सुहाग' शब्द का भी पारिभाषिक रूप में प्रयोग किया है। शून्यावस्था ही सुहागावस्था है। गंगा पर सोना चढ़ना भौतिक दृष्टि से सुहाग का प्रतीक माना जाता है और 'सोना' सिद्ध आचार्यों द्वारा 'शून्य' के लिए प्रयुक्त एक प्रसिद्ध प्रतीक है।[48] जायसी ने सोना और सोहागा के रासायनिक मिलन में भी शून्यावस्था और सुहागावस्था का संकेत परिलक्षित करने का प्रयास किया है, जिस पर डॉ. वासुदेवशरण अग्रवाल ने विस्तार से विचार किया है, अतः इस प्रसंग की अधिक चर्चा अनपेक्षित

होगी।

मिलन, महासुख या सर्वशून्यता

सूफ़ी दर्शन (तसव्वुफ़) के अनुसार अहं के निरसन द्वारा जब जीवन्मुक्तावस्था (मरजीया दशा) अर्थात् फ़ना की स्थिति में साधक पहुँच जाता है तो वह 'बक़ा' होकर जीता है। तात्पर्य यह कि वह स्वयं 'हक़' या परमसत्य से समरस हो जाता है। यही बक़ा की अवस्था है। इसे हिन्दी सूफ़ी कवियों ने नायक-नायिका के मिलन के प्रतीक के द्वारा अभिव्यक्त किया है।

वज्रयान में सूर्य की चार स्थितियाँ मानी गयी हैं शून्य—अतिशून्य, महाशून्य और सर्वशून्य। प्रथम तीन स्थितियों में मन विभिन्न प्रकार के दोषों से युक्त रहता है। अन्तिम अवस्था में पहुँचने पर पूर्ववर्ती तीन स्थितियों के मानसिक दोष नहीं पाये जाते। यह स्थिति स्वयं प्रकाशरूप होती है। यही परात्पर ज्ञान है, यही महान् सत्य है।[49] सूफ़ियों ने नायक-नायिका के मिलन को इसी अवस्था के रूप में दिखाया है। 'चन्दायन' में चाँद के मिलन से पूर्व धवल गृह में पहुँचने पर भी लोरिक मानसिक विकारों से युक्त है। पहले उसके मन में शंका है, डर है कि कैसे चाँद को सोते हुए जगावे, पर जब वह मानसिक दोषों से मुक्त हो जाता है तो उसे चाँद के साथ समरसता प्राप्त होती है।[50]

सहजावस्था में साधक का मन शान्त हो जाता है और उसमें स्थिरता आ जाती है। रस, रूप, गन्ध, स्पर्श आदि की ऐन्द्रिक अनुभूतियों का इस दशा में लय हो जाता है। कुतुबन ने संयोग की दशा के चित्रण में इसी दशा को उपस्थित करने का प्रयास किया है। उन्होंने राजकुँवर और मृगावती के संयोग का वर्णन करते हुए लिखा है कि भँवर ने पराग का रसपान किया और 'महारस' का सब अमृत पान किया। मन की तृष्णा और काम-वासना शान्त हो गयी। हृदय का सम्पूर्ण दुःख और वेदना जाती रही। उसकी काया के पंचभूत (श्रवण, रूप, रस, स्पर्श और गन्ध) सिर झुकाकर आवाक हो गये। दाऊद ने भी नायक-नायिका की संयोगावस्था में काया के पंचभूतों के शीतल और शान्त होने का उल्लेख किया है।[51]

मिलन की अवस्था में पान, सुपारी, कत्था और चूने का एक प्रतीक भी सूफ़ी प्रेमाख्यानों में प्राप्त होता है। रत्नसेन पद्मावती के मिलन के अवसर पर कहता है—

पान सुपारी खैर दहुँ मेरै करै चकचून।
तब लगि रंग न राचै जब लगि होइ न चून।।

डॉ. वासुदेवशरण अग्रवाल के अनुसार इसमें पान, सुपारी, कत्था क्रमशः शून्य अतिशून्य और महाशून्य के प्रतीक हैं और चूना सर्वशून्य का।[52] तीनों शून्यों से मिलकर सर्वशून्य एक विलक्षण रंग उत्पन्न करता है जिसे सर्वशून्यता या अरूप कहते हैं।[53] जायसी के पूर्व दाऊद ने इस प्रतीक को प्रस्तुत किया था। कदाचित् जायसी ने वहीं से उसे ग्रहण भी किया होगा। 'चन्दायन' में इस विलक्षण रँग की विस्तृत चर्चा मिलती

है और प्रतीक भी विशेष स्पष्टता के साथ बोधगम्य हो उठता है। लोरिक चाँद से कहता है कि उसका हृदय पूर्णतया चाँद के रंग में रँग गया है और उस रंग से रहित होना उसका मरण है।[54] इस पर चाँद उससे कहती है—मोट थूल तै लोरिक कह कैसे रंग लाग।[55] इस प्रसंग में 'मोट थूल' शब्द द्वारा प्रेममार्ग की साधना से कृश न होने का अर्थ भी लिया जा सकता है, पर इससे उपयुक्त अर्थ है कि अभी तू स्थूलता या ऐन्द्रिकता को त्याग नहीं सका तो इस रंग में कैसे रँग सकता है। कदाचित् इस कथन में यही आध्यात्मिक व्यंजना की गयी है। उसके उत्तर में लोरिक पान के प्रतीक द्वारा अपनी स्थिति स्पष्ट करता हुआ कहता है कि मैं तुम्हारे लिये पान हो गया हूँ। मैं सिर देकर भोग (महासुख) के लिए प्रस्तुत हूँ। इस प्रसंग में वह पान, सुपारी, चूना आदि के उल्लेख द्वारा इस रंग में रँगने की बात कहता है। यह रंग निश्चय ही एक विलक्षण रंग है और उसको प्राप्त करने के लिए कठोर साधना के संकेत किये गये हैं।

अद्वय या युगनद्ध भाव को सूफ़ी कवियों ने चौपड़ या शतरंज के खेल द्वारा अभिव्यंजित किया है। मध्यकाल में यह एक साधनापरक प्रतीक के रूप में प्रचलित था। शशिभूषण दास गुप्त ने लिखा है कि 'शून्य अतिशून्य की दो प्राथमिक अवस्थाएँ वासना के दो प्राथमिक रूपों की सूचक है। तीसरा महाशून्य उन दोनों का स्वामी अविद्या चित्त है। पहले दो को मारकर फिर तीसरे को भी मारना होता है। इसी के लिए सहजयानी लोग शतरंज की परिभाषा का प्रयोग करते हैं।'[56]

दाऊद ने इसे जुआ के प्रतीक के रूप में रखा है। लोरिक नायिका चाँद से कहता है कि तेरे मन्दिर में प्रवेश करके मैंने अपने जीव को ही जुए की बाजी में लगा दिया। तुमने किस कुशलता से यह खेल खेला कि तुम जीत गयी और मेरी हार हो गयी। तन, मन, जीव तीनों की बाजी में हार गया।[57] यहाँ 'तन, मन' प्राथमिक दो वासनाओं से युक्त शून्य अतिशून्य और 'जीव' अविद्या चित्त या महाशून्य का प्रतीक है और इन तीनों के निरसन के बाद अन्तःकरण (मन, बुद्धि, चित्त, अहंकार) और नेत्र उसे (सत्) पा सके इस अवस्था में काया थकित है, केवल अन्तःकरण ही रँगा हुआ है।[58] यह अवस्था सर्वशून्यता की अवस्था जैसी ही है। जायसी ने भी नायक और नायिका के मिलन की रात में चौपड़ खेलने का विधान किया है और उस प्रसंग में कनक और सुहागा जैसे अद्वय मिलन की चर्चा की है।[59] इस प्रतीक का प्रयोग अन्य प्रेमाख्यानों में भी मिलता है। प्रतीत होता है कि 'फ़ना' के पश्चात् 'बक़ा' की स्थिति के लिए मिलन के इस प्रतीक को कवियों ने ग्रहण किया।

योग-साधना—एक सोपान

हिन्दी सूफ़ी काव्य के अध्ययन से ऐसा प्रतीत होता है कि सूफ़ियों ने अपनी साधना में नाथपन्थी योगियों की साधना का सुन्दर समाहार कर लिया था। ईश्वर के प्रेम को तत्त्वरूप में स्वीकार करके भी कदाचित् भारत के सूफ़ी उस प्रेमतत्त्व को प्राप्त करने के लिए प्राणायाम आदि यौगिक क्रियाओं द्वारा इन्द्रिय-निग्रह एवं समाधि द्वारा

अविचलित अवस्था को प्राप्त करना आवश्यक समझते थे। इसीलिए इन कवियों ने इन्द्रिय-निग्रह एवं श्वास-निग्रह आदि पर बल दिया। उसमान ने अपनी चित्रावली में साधक के मार्ग में पड़नेवाले चार नगरों का उल्लेख किया है—भोगपुर, गोरखपुर, नेहनगर और रूपनगर।

इसमें गोरखपुर गोरखपन्थी साधना की अवस्था है। कवि ने इस पुर का वर्णन भी इसी रूप में किया है। इस पुर के मार्ग पर वही चल सकता है जो नाथपन्थी योगी का वेश धारण करता है पर केवल वेश से ही काम नहीं चलता, उसके हृदय की दृष्टि भी खुली होनी चाहिए।[60] कुतुबन की मृगावती[61] तथा 'इन्द्रावती'[62] में भी इसके संकेत हैं।

योग और भोग (प्रेम)

हिन्दी सूफ़ी प्रेमाख्यानों में योग और भोग शब्द का प्रयोग साथ-साथ किया गया है और यह दिखाया गया है कि प्रत्येक योगी का लक्ष्य भोग या भुगुति है। वस्तुतः दशवीं शताब्दी में नाथपन्थ के अभ्युदय तक योग साधना में श्री सुन्दरी साधना की स्थापना में चुकी थी और यह प्रतिपादित किया जाने लगा था किसी श्री सुन्दरी साधना में तत्पर व्यक्ति के लिए योग और भोग करस्थ होते हैं।

सूफ़ी प्रेम-साधना ही भोग और उसके पूर्व की साधना 'योग' है। इस सन्दर्भ में सूफ़ी काव्य के स्वतन्त्र अध्ययन की आवश्यकता है। हिन्दी सूफ़ी काव्य को शरीअत, तरीक़त, मारिफ़त और हक़ीक़त या फ़ना और बक़ा आदि के साँचे में ही पूर्ण रूप से नहीं समझा जा सकता है। भारत में सूफ़ी सन्तों, साधकों और सूफ़ी कवियों ने भारतीय योग साधना या नाथपन्थ की परम्परा की योग-साधना और उसके साधनों का भी उपयोग अपने प्रेममार्ग की साधना में किया है। बिना ऐसी साधना की सिद्धि नहीं प्राप्त होती और भारत के कई सूफ़ी सन्तों की सिद्धियों और करामातों की बातें ऐतिहासिक सन्दर्भों में मिलती हैं।

सन्दर्भ

1. हजारीप्रसाद द्विवेदी : नाथ सम्प्रदाय, पृ. 104।
2. वही, 110।
3. मा. प्र. गुप्त : मधुमालती, छन्द 189।
4. श्वेता. 3-18।
5. डॉ. कन्हैया सिंह : पदुमावति, छन्द 40।
6. दसम दुआर गुपुत एक नाँकी। अगम चढ़ाव बाट सुटि बाँकी। वही, छं. 214।
7. वा. श. अग्रवाल-पद्मावत (टिप्पणी), पृ. 59।
8. वही, छन्द 41।
9. वही, छन्द 42।
10. गोविन्द त्रिगुणायत : हिन्दी की निर्गुण काव्यधारा और उसकी दार्शनिक पृष्ठभूमि, पृष्ठ 281।

11. पलटूसाहब की बानी (वेलवेडियर प्रेस) भा. 2, पृष्ठ 11।
12. गोविन्द त्रिगुणायत : हिन्दी की निर्गुण काव्यधारा और उसकी दार्शनिक पृष्ठभूमि, पृष्ठ 249।
13. डॉ. कन्हैया सिंह : पदुमावति, छन्द 215।
14. वही, छन्द 216।
15. वही, छन्द 235।
16. मा. प्र. गुप्त : मधुमालती, छन्द 21।
17. वही, छन्द 34।
18. वही, छन्द 32।
19. श्यामसुन्दर दास : इन्द्रावती, पृ. 121।
20. हउं निसि चांद सुरिज कब पावउं। दिवसु होई चढ़ि सरग बोलावउं।

—मा. प्र. गुप्त : चन्दायन, छन्द 183।

21. सेज हेठ लइ चांदह सूरुज दिवस लुकाएउ।

—वही, छन्द 212।

22. सुनि कै चांद भीरि गै (गियं) लावा, सकती रूप मेरैं कै आवा।

—मा. प्र. गुप्त : छन्द 215।

23. संकर सूर मढ़ी तप जाई। पारवती ससि तप कहं आई।

—मा. प्र. गुप्त : मृगावती, छन्द 228।

24. सूरुज पुरुष चांद तुम्ह रानी। अस वर दैव मिलावा आनी।
चांद सुरिज सेउं होइ बियाहू। बारि बिधांसब बेधव राहू।

—डॉ. कन्हैया सिंह : पदुमावति छन्द 198।

25. जनु ससि उदौ पुरुब दिसि कीन्हा। औ रबि उदौ पछिवं दिसि लीन्हा।
पुनि चलि सुरुज चांद पहँ आवा। चांद सुरुज दुहुं भएउ मेरावा।

—वही, छन्द 117।

26. सांते पियत रूप चख दुहूँ। रबि ससि दुवौ एकै भै किहूँ।

—मा. प्र. गुप्त : मधुमालती, छन्द 449।

27. हकारः कथितः सूर्यष्ठकारचन्द्र उच्यते।
सूर्याचन्द्रमसोर्योगात् हठयोगी निगद्यते।।

—हजारीप्रसाद द्विवेदी : नाथ सम्प्रदाय, पृ. 123 पर उद्धृत।

28. रामपूजन तिवारी : हिन्दी सूफ़ी काव्य की भूमिका, पृ. 196।
29. गोविन्द त्रिगुणायत : हिन्दी निर्गुण काव्यधारा और उसकी दार्शनिक पृष्ठभूमि पृ. 244।
30. सात खण्ड ऊपर कबिलासू। तहं सोवनारि सेज सुख बासू।

—वा. श. अग्रवाल : पद्मावत, छन्द 291।

31. वही, छन्द 96।
32. गढ़ तर सुरंग कुण्ड अवगाहा। तेहि महं पन्थ कहाँ तेहि पाहा।

चोर पैठि जस संधि संवारी। जुआ पैत जेउं लाव जुआरी।
जस मरजिया समुद्र धंस मरै हाथ आउ तब सीप।
ढूँढ़ि लेहि ओहि सरग दुवारी औ चढु सिंघल दीप।।

—वा. श. अग्रवाल : पद्मावत, छन्द 215।

33. पंवरि पंथु तोहि जाइ न जाई। बारकु होइ तउ लेउं लुकाई।
अटउ बीर जउ अटवइ पारसि। सरग पन्थ जउ चढ़त संभारसि।
कइ कारन हनिबन्त बरु बांधसि। कइ कर लाइ पुंख सर सांधसि।
कइ रे फांस बरु मेलेसु जउरे सरग चढ़ि जासु।
कइ रे चाँद रबि भूँजसु दहुं तस सरग निवासु।।

—मा. प्र. गुप्त : चन्दायन, छन्द 185।

34. सरग पन्थ पै लोचन लावइ। पाउ धरत मकु चांद दिखावइ।
35. वही, छन्द 187।
36. सरग पंथ पै लोचन लावइ। पाउ धरत मकु चांद दिखावइ।

—मा. प्र. गुप्त : चन्दायन, छन्द 191।

37. वही, छन्द 192।
38. आई परेउं तेहि ठाएँ जहाँ न आहइ घाट।
सिखर ऊंच नहिं मारग जाइ चांटिहु चढ़इ न बाट।।

—मा. प्र. गुप्त : मृगावती, छन्द 232।

39. भेदी कोइ जाइ ओहि घाटी। जो लै भेद चढ़े होई चाँटी।

—डॉ. कन्हैया सिंह : पदुमावति, छन्द 215।

40. तहाँ न चाँद सुरुज असूझा। चढ़ै सो जो अस अगुमन बूझा।
दस महँ एक जाइ कोइ करम धरम सतनेम।
बोहित पार होई जौ तौ कूसल औ खेम।

—वही, छन्द 148।

41. वही, छन्द 161।
42. अगम पौरि चारहुँ दिसि लागहिं। आस पास बहु पहरू जागहिं।
भँवरी सात मंदिल कै जागहिं बीर अपार।
तहं कैसे तुम्ह आएहु जहं न समीर संचार।।

—मा. प्र. गुप्त : मधुमालती, छन्द 102।

43. वहीं, छन्द 447।
44. मा. प्र. गुप्त : मधुमालती, छन्द 32।
45. परिहरि सुद्धि बुद्धि और ग्याना। कया बेवरजित लावहि ध्याना।
तौ समाधि लौ लागै। जहाँ आप अपान पाव तू तहाँ।
निरगुन जहाँ निरंजन सूना। तहाँ आप सो आप बिहूनां।
ग्यान पार जहवाँ अग्याना। तहाँ आपु सेउं आपु अयानां।
सहज समाधि लाउ तैं तहाँ। आप सेउं आपु पाउ सुधि जहाँ।

—मा. प्र. गुप्त : मधुमालती छन्द 33।

46. हजारीप्रसाद द्विवेदी : नाथ सम्प्रदाय, पृ. 123 पर उद्धृत।
47. गोविन्द त्रिगुणायत : हिन्दी की निर्गुण काव्यधारा और उसकी दार्शनिक पृष्ठभूमि, पृ. 244।
48. वा. श. अग्रवाल : पद्मावत (टिप्पणी), छन्द 100।
49. गोविन्द त्रिगुणायत : हिन्दी की निर्गुण काव्यधारा और उसकी दार्शनिक पृष्ठभूमि, पृ. 248।
50. मा. प्र. गुप्त : चन्दायन, छन्द 196।
51. वही, छन्द 218।
52. वा. श. अग्रवाल : पद्मावत, छन्द 307।
53. मा. प्र. गुप्त : चंदायन, छन्द (भू.) 48।
54. वही, छन्द 206।
55. वही, छन्द 207।
56. श. भू. दासगुप्त : आब्सक्योर रेलिजस कल्ट्स, पृ. 56।
57. वही चन्दायन, छन्द 214।
58. सत परान बुद्धि पावसि चित्त मन नैन बिसेष।
अति विमान तुम्ह जीता काया थाक अस देष।। वही, छन्द 214।
59. मिलि कै जुग नहिं होउं निनारा। कहाँ बीच दुतिया देनिहारा।
अब जिउ जरम जरम तोहि पासा। किएउँ जोग आएउँ कबिलासा।
जाकर जीउ बसै जेहिं सेते तेहि पुनि ताकर टेक।
कनक सोहाग न बिछुरै अवटि मिलै जो एक।।
—डॉ. कन्हैया सिंह : पद्मावति, छन्द 313।
60. जगन्मोहन वर्मा : चित्रावली, छन्द 209, 220।
61. शिवगोपाल मिश्र : मृगावती, छन्द 123।
62. श्यामसुन्दर दास : इन्द्रावती, पृ. 26-27

9
सूफ़ियों का सन्देश

भारत में सूफ़ियों का आगमन एक उद्देश्य से हुआ कि भारत में जिसके अध्यात्म और दर्शन को समझना और तसव्वुफ़ अथवा सूफ़ीमत से उसकी समानता का भारतीय परिवेश में निरूपण करना था। कुछ सूफ़ी मुस्लिम सत्ता के हस्तक अवश्य थे और प्रच्छन्न रूप में इस्लाम के प्रचारक थे पर सच्चे संत और सूफ़ी कवि (चौदहवीं से सोलहवीं शताब्दी तक) हिन्दू और मुसलमानों को एकता का सन्देश दे रहे थे। इसे समझने के लिए मलिक मुहम्मद जायसी के सन्दर्भ से विचार प्रस्तुत किया जा रहा है।

आचार्य रामचन्द्र शुक्ल ने स्पष्ट लिखा :

"हिन्दू हृदय और मुसलमान हृदय आमने-सामने करके अजनबीपन मिटानेवालों में इन्हीं का नाम लेना पड़ेगा। इन्होंने मुसलमान होकर हिन्दुओं की कहानियाँ हिन्दुओं की ही बोली में बड़ी सहृदयता से कहकर उनके ही मर्मस्पर्शिनी अवस्थाओं के साथ अपने उदार हृदय का पूर्ण सामंजस्य दिखा दिया। कबीर ने केवल भिन्न प्रतीत हो रही परोक्ष सत्ता की एकता का आभास दिया था, प्रत्यक्ष जीवन की एकता का दृश्य सामने रखने की आवश्यकता थी। वह जायसी द्वारा पूरी हुई।"

हिन्दी के सूफ़ी कवि दो महान् जातियों (हिन्दू-मुसलमान) की एकता के विश्वासी थे। जायसी का यह कथन बहुत महत्त्वपूर्ण है–

एकै ते दुइ होइ दुइ ते राज न चलि सकै।
बीचु ते आपुहि खोइ मुहमद एकै होइ रहु।।

कवि-कर्म, काव्य-भाषा और रचनात्मक काव्य-भंगिमा की दृष्टि से जायसी बहुत बड़े कवि हैं। वे सन्त, भक्त, सूफ़ी सब-कुछ हैं पर कवि के सृजनात्मक-संवेदनात्मक रचना-लोक में वे न भक्त हैं, न संत हैं और न सूफ़ी हैं। वे कवि हैं और कवि के अतिरिक्त जो कुछ भी हैं, वह उनके कवि के आगे छोटे हैं। उन्हें भी यह अहसास है कि वे कवि हैं। वे इसकी घोषणा करते रहते हैं–हौं सब कबिन्ह केर पछिलगा/एक नैन कवि मुहमद गुनी/यह मन जानि कबित अस कीन्हा, मकु यह रहै जगत मँह चीन्हा/तहाँ अवनि कवि कीन्ह बखानू/मुहमद कबि जो प्रेम का आदि।

ऐसे जीवन्त कवि की ओर सर्वप्रथम आचार्य रामचन्द्र शुक्ल ने ध्यान दिया और उनके काव्य की गहराइयों और भाषा की सर्जनशीलता का उद्घाटन किया। बाद में

जायसी पर उतनी गहराई से विचार नहीं हुआ जितना कबीर, सूर, तुलसी पर। साहित्य और शासन दोनों क्षेत्रों में उपेक्षित-से रहे। सबकी शताब्दियाँ मनायी गयीं—जायसी को छोड़कर। इधर जायसी के काव्य पर सूफ़ीमत के दायरे से हट कर बहुत ही गहराई से अंग्रेज़ी के प्रोफ़ेसर और हिन्दी के कवि-आलोचक विजयदेव नारायण साही ने गहन अध्ययन, मनन, चिन्तन के फलस्वरूप कुछ निबन्ध लिखे और वे पुस्तक रूप में आ गये हैं। पर यह काम पूर्णता प्राप्त करता उसके पूर्व ही साही जी चल बसे। साही की दिशा को अग्रसर करते हुए डॉ. रघुवंश ने अपनी पुस्तक 'जायसी—एक नयी दृष्टि' में जायसी की एक व्यवस्थित आलोचना प्रस्तुत की। ये दोनों ही कार्य मूलगामी और जायसी के काव्य के मर्म को सही मायने में उद्‌घाटित करनेवाले हैं।

मैं भी गत बीस-पच्चीस वर्षों से जायसी के अध्ययन में लगा हूँ। साही के जीते जी संगोष्ठियों में मैं उनका समर्थक रहा, कहीं-कहीं साही की बेलौस्व टिप्पणियों से असहमत भी। पर सब मिलाकर उनके मूल चिन्तन के साथ ही जायसी की मानवीय दृष्टि तो निर्विवाद है पर उनकी राष्ट्रीय सोच, हिन्दू मुस्लिम एकता की दृष्टि और इतिहास के भयंकर उन्मादी-मज़हबी संहार के बीच एक राष्ट्रीय, मानवीय और एक समूची सांस्कृतिक इकाई की उनकी परिकल्पना पर कुछ स्पष्ट प्रकाश डालना आवश्यक है। इस सम्बन्ध में मैं प्रो. सैय्यद हसन अस्करी के मत को उद्धृत करना चाहता हूँ—

"हिन्दी साहित्य के इतिहास लेखक उनमें से बहुत कम को, या किसी को नहीं जानते जो महान पैग़म्बर के अनुयायी हैं और उनमें विश्वास रखते हैं पर उनके विचारों और गानों का पूर्णतः भारतीयकरण हो चुका है। उन्होंने देश की ही किसी भाषा में लिखा और गाया है। इतना ही नहीं बल्कि उन्होंने भारतीय दर्शन और भारतीय मिथक के अनुरूप ऐसा लिखा या गाया है जैसे कि वे स्वयं हिन्दू ही हों। उन्होंने जायसी की तरह बलपूर्वक कहा—

तुरकी हिन्दी फारसी भाषा जेते आहि।
जा महँ मारग प्रेम का सबहि सराहै ताहि।।

उनका सुविधाजनक तथा उदार दृष्टिकोण उन्हें जायसी की तरह इस विचार का विश्वासी बनाया है कि "विधना के मारग हैं तेते। सरग नखत तन रोवाँ जेते।' लेकिन साथ ही उन्हें यह घोषणा करने में भी संकोच नहीं था कि

जो बड़ पन्थ मुहम्मद केरा। अत निरमल कबिलास बसेरा।

और

साँची राह सरीयत जेहि विसास न होई।
पाँव राखु तेह सीढ़ी निभरम पहुँचा सोया।

वस्तुतः ये ही प्यार के योग्य लोग और पावन सन्त हिन्दू-मुस्लिम की एकता के अग्रदूत थे, यह एकता का विचार अस्थायी धक्के (विभाजन के बाद की स्थिति) के

बावजूद, शीघ्र ही नये भारत का स्वरूप लेगा।''

इस प्रसंग में अस्करी महोदय लिखते हैं जायसी जैसे बहुत-से उर्दू-फारसी के शायर उदार धर्म दृष्टि के विश्वासी थे। उन्होंने सायब नामक शायर का शेर उद्धृत किया है—

गुप्तगू कुफ़्रो-दीन आख़िर बय कजा मिकशद।
ख़्वाब एक ख़्वाब अस्त अमान मुख़्तलिफ़ ताबीर हा।

एकता और विश्वास की बातें अन्ततः एक बिन्दु पर पहुँचती हैं कि सपना एक ही है, उसका अर्थापन बहुत-सा है।''

प्रो. अस्करी ने बहुत स्पष्ट शब्दों में राष्ट्रीय एकता के लिए जायसी जैसे कवियों और सन्त-साधकों को दो कौमों में विद्यमान फाँक को दूर करनेवाला कहा है।

जायसी की 'पदुमावति' की मनेर शरीफ़ की महत्त्वपूर्ण प्रति के शोधपरक पाठ-विश्लेषण के क्रम में प्रो. अस्करी ने इस दिशा में जायसी की महत्ता का अनुभव किया और यह भी अनुभव किया कि जायसी द्वारा प्रशस्त सांस्कृतिक दृष्टि हिन्दुओं से अधिक उनके सहधर्मी मुसलमानों के लिए अनुकरण और अनुगमन करने योग्य है। इसके पीछे एक निश्चित मिशन है—

''जायसी कोई संस्कृतज्ञ नहीं थे। वे ऐसे युग में थे जब बहुमतवाली क़ौम के लोगों को ख़ुश करने की आवश्यकता उन्हें नहीं थी, जैसे आज हममें से बहुतों को महसूस होती है। उन्हें अपने सहधर्मियों (मुसलमान भाइयों) को हिन्दुओं से अधिक शिक्षा देनी थी। वे चाहते थे कि हिन्दुओं की दार्शनिकता, परम्पराएँ, मिथ-परम्पराएँ हम मुसलमानों के घरों में भी आवें। और यह कार्य वे एक निश्चित मिशन के तहत कर रहे थे।'' स्पष्ट ही यह मिशन भारत की नागरिक एकता का मिशन था जिसमें अपने-अपने धर्म-पथ पर चलते हुए दोनों क़ौमें भारतीयता की पहचान बन जातीं।''

जर्नल ऑफ बिहार रिसर्च सोसाइटी, खं. 39, भाग 1-2

डॉ. वासुदेवशरण अग्रवाल ने जायसी की राष्ट्रीय दृष्टि का उल्लेख करते हुए लिखा है—

''पदमावत काव्य का अनुशीलन करते हुए जिस बात की गहरी छाप मन पर पड़ती है, वह यह कि इसके कवि ने भारतभूमि की मिट्टी के साथ अपने को कितना मिला दिया था। जायसी सच्चे पृथिवी-पुत्र थे। वे भारतीय मानस के कितने सन्निकट थे, इसकी पूरी कल्पना करना कठिन है। गाँव में रहनेवाली जनता का जो मानसिक धरातल है, उसके ज्ञान की जो उपकरण सामग्री है, उसके परिचय का जो क्षितिज है; उसी सीमा के भीतर हर्षित स्वर से कवि ने अपने ज्ञान का स्वर ऊँचा किया है।''

—पदमावत, मूल और संजीवनी व्याख्या, भू. पृ. 14

प्रस्तुत आलोचना में जायसी के इसी पक्ष पर अधिक प्रकाश डाला गया है। यह बात नहीं कि साही ने इसे अपने निष्कर्षों में नहीं स्पर्श किया है। वे जायसी के कलात्मक

संयोजन और कवित्वपूर्ण अभिव्यंजना की तारीफ़ करते हुए लिखते हैं—"इस प्रश्न को अपने युग के आतंककारी संघर्षों की व्यापक पृष्ठभूमि में रखकर पूछने के लिए जायसी ने पद्मावत के कथानक की बनावट में एक विलक्षण प्रयोग किया जो उनकी महान् कल्पना शक्ति और सृजनात्मक प्रतिभा का परिचायक है। उन्होंने सिंहल लोक और इतिहास लोक को दर्पण की भाँति एक-दूसरे के सामने रख दिया। कथा की दोनों भुजाओं में एक समान्तरता स्थापित हो गयी।"

इस कथन को और स्पष्ट करते हुए वे कहते हैं—"सिंहल लोक और इतिहास लोक को आमने-सामने खड़ा कर देने में दो ख़तरे थे। एक तो यह कि दोनों भुजाओं में कोई मेल होना ही नहीं या दोनों में कहीं जोड़ पैदा होता तो वह केवल व्यंग्य या कटाक्ष की ध्वनि उत्पन्न करता। इन दोनों ख़तरों का सामना जायसी ने किया और ट्रैजिक विज़न को अभिव्यक्त किया?... जोड़नेवाली मुख्य कड़ी पदुमावती है और एक हद तक रत्नसेन।... पद्मावती कवि का निजी स्वप्न नहीं है... पद्मावती एक पूरी संस्कृति का स्वप्न है। इसलिए वह स्वप्नमयता उसकी पूरी कथा के साथ एकात्म हो जाती है। उसके सौन्दर्य की पार्थिवता के साथ उसकी यह पार्थिवता अक्षुण्ण रहती है।"

पद्मावती किस संस्कृति की प्रतीक है, उसे साही ने बड़े ही ढंग से व्यक्त किया है—"ऐसे युग में जहाँ परमार्थ सम्प्रदाय में, नैतिकता पक्षपात में, सामाजिकता हिन्दू-तुरुक संघर्ष में तथा राजनीति निरंकुशता में स्तरीकृत होती रहती है, एक ऐसी विराट सुगन्धि की कल्पना करना जिसमें ये सारे प्रश्न विलीन हो जाते हों, विषाद से भर जाना तो था ही, केवल अंशतः समझे जाने के लिए निमन्त्रण देना भी था। पद्मावती के जलने के साथ वैभव-सम्पन्न एक पूरी आन्तरिक दुनिया जल जाती है। अलाउद्दीन जिसे नहीं देखता, जायसी उसे देख रहे थे।"

साही की इस सोच की दिशा को प्रो. रघुवंश ने बहुत ही व्यवस्थित ढंग से प्रस्तुत किया है। उन्होंने पद्मावती के रूप में एक सीमातीत विश्वव्यापी विराट् के समाहित हो जाने की बात कही है। साही एक कवि होने के नाते जायसी की समीक्षा में कवि सुलभ भाषा में अपना मत देते हैं और उनकी बात को समझने में भी ऊँचे स्तर की ज़रूरत होती है, पर रघुवंश आलोचक की तरह तारतम्य से अपने निष्कर्षों को परिणति तक पहुँचाते हैं। वे जायसी के समय और उनके काव्य के उद्देश्य पर लिखते हैं—"एक ओर नवागंतुक और आक्रमणकारी मुसलमानों के साथ यहाँ पहले बसे-रहे-आये मुसलमानों के बीच की टकराहट, उनके बीच उभरनेवाले सामाजिक, राजनीतिक-सांस्कृतिक संघर्ष सामने आ रहे थे। दूसरी ओर शताब्दियों के बीतने के साथ हिन्दू-मुसलमानों को निकट लाने और साथ रहने की विवशता की प्रतिरोधी शक्ति के रूप में कट्टर साम्प्रदायिक विचारधाराएँ प्रबल हो रही थीं।...इस सांस्कृतिक विशृंखलता, धार्मिक उन्माद, राजनीतिक सत्ता-संघर्ष के सैलाब के बीच एक कवि जो समझ रहा है, अनुभव कर रहा है कि यह सब मानवता के व्यापक सन्दर्भ में अर्थहीन है, अन्ततः

राख हो जानेवाला है और जो मानवीय है, बचे रहनेवाला है, वह है 'प्रेम', जिसकी ही एक आभा करुणा है, एक छाया 'विषाद है'।

इस करुणाजनित विषाद से ही जायसी निरर्थक सांसारिक कलह-द्वन्द्वों से परे एक ऐसे लोक की कल्प सृष्टि करते हैं जिसमें पुराण लोक और यथार्थ लोक एक हो जाते हैं। और एक-दूसरे में बिम्बित-प्रतिबिम्बित होते हैं। रघुवंश ने लक्ष्य किया है कि इन दोनों लोकों को जोड़ने का कार्य दो पक्षी करते हैं। मनुष्य जहाँ निर्मम और स्वार्थी दिखता है, वहाँ प्रकृति के ये प्राणी करुणा-सहानुभूति के पुतले हैं। एक हीरामन तोता है जो रत्नसेन को चित्तौड़ से सिंहल और वहाँ की पद्मावती से जोड़ता है और दूसरा नागमती का सन्देशवाहक 'विहंगम' है जो रत्नसेन को नागमती के विरहताप के वर्णन द्वारा उसे वायस चित्तौड़ से जोड़ता है। यहीं इस कल्पनालोक-सिंहल का अन्त हो जाता है। 'जल उठा सिंहला' में इसी की अभिव्यक्ति है और केवल यथार्थ लोक बच जाता है।

यहाँ विचारणीय है कि जायसी के इन दो लोकों को आमने-सामने लाने के पीछे एक मन्तव्य है—वह है कि अमूर्त कल्पना लोक में 'प्रेम' की उस विभूति की अलौकिक छवि है जो विश्वव्यापी विराट् रूप में पद्मावती के रूप में विद्यमान है। वहीं पारस रूप छबि है जो वैश्विक विराटता से विश्व मानवता को एक सूत्र में बाँधने में सक्षम है और यही 'मानुस प्रेम बैकुंठी' बनता है। दूसरा जो इतिहास लोक या यथार्थ लोक है, वह संघर्ष, टकराहट, विध्वंस और विनाश की लीला है और इसीलिए वह 'छार एक मूठी' है और कुछ भी नहीं।

इस प्रकार जायसी अपने रचना-विधान में इतिहास के खुरदरे यथार्थ से गुज़रते हुए एक चिरन्तन, शाश्वत मानव-मूल्य की तलाश करते हैं। रघुवंश के शब्दों में—

"उन्होंने अपने युग-यथार्थ को सम्पूर्णता से ग्रहण किया है और बिना किसी विरोध-भाव के, किसी स्वीकार-अस्वीकार अथवा खण्डन-मण्डन के उसके बीच केन्द्रीय मानवीय दृष्टि... प्रेमतत्त्व का अनुसन्धान काव्याभिव्यक्ति में किया है।"

जायसी ने उदात्त मानव-प्रेम की मूलधारा के साथ ही इतिहास लोक, यथार्थ लोक या चित्तौड़ लोक की उस मूल भावना को भी आलोकित किया गया है, जिसमें कवि सत्ताधारी मुस्लिम शासकों को मानव धर्म पर चलने, हिन्दुओं के साथ समरस व्यवहार करने का सन्देश ही नहीं देता अपितु उन्हें मूल सांस्कृतिक-सामाजिक जीवनधारा को अपनाने का संकेत भी करता है। सैय्यद हसन अस्करी की भाँति मुझे भी लगता है कि जायसी के कवि-कर्म के पीछे यह एक 'मिशन' था जिसमें कवि ने आज से पाँच-छह सौ वर्ष पहले इस देश की दो बड़ी क़ौमों की समरसता का सपना देखा था। जायसी का यह सपना उस युग की ही आवश्यकता नहीं था अपितु आज के भारत के लिए भी उसकी प्रासंगिकता है। इसीलिए जायसी महान् कवि ही नहीं एक युगद्रष्टा महाकवि सिद्ध होते हैं। यह कहना सही नहीं कि जायसी ने 'मानवीय मूल्यों का अनुसन्धान

अथवा उनकी अभिव्यक्ति नहीं की जैसा कबीर और तुलसी ने की।' जायसी पूरी 'पदुमावति' की कथा के उपसंहार में कहते हैं–

केइ न जगत सत बेंचा, केइ न लीन जस मोल।
जो यह पढ़ै कहानी हम सँवरे दुइ बोल।।

इस दोहे में जायसी सत् न बेचनेवाली पदुमावती और यश मोल न लेनेवाले अलाउद्दीन की कहानी पढ़ने (यानी समझने और आचरण में उतारने) की प्रेरणा देता है और कहता है कि इस 'दो बोल' (रचना) को मैं तभी सार्थक समझूँगा जब लोग इसे हृदयंगम करेंगे। यही जायसी का राष्ट्रीय सन्देश है।

●